Herr Rössler absolvierte an der Technischen Universität München ein Informatik-Studium mit den Schwerpunkten Compilerbau und Anwendungen der Sprache **Prolog**. Seit fast fünf Jahren ist Herr Rössler bei der Münchner InterFace Computer GmbH in verschiedenen Bereichen tätig. Zu seinen früheren Aufgaben in der Programmentwicklung gehörten neben der Anpassung des Programmpakets **IF/Prolog** von UNIX auf DOS, VMS und andere Plattformen der Entwurf und die Implementierung eines Hypertextcompilers für das **IF/Prolog**-Manual.
Mittlerweile gibt Herr Rössler das dabei erworbene Wissen zusammen mit seinen Erfahrungen als Systemverwalter auf IBM AIX und OS/2 als Dozent der Schulungsabteilung weiter.

Gabi Türscher studierte an der Technischen Universität München Informatik mit dem Schwerpunkt im Bereich der objektorientierten Programmierung unter Verwendung von Wissensbasen. Aus ihrer mehrjährigen Tätigkeit als Software-Entwicklerin kann sie auf Erfahrungen mit diversen Betriebs- und Programmiersystemen wie UNIX, X Window, DOS und VMS zurückgreifen.
Seit Juli 1992 ist Frau Türscher bei InterFace Computer GmbH als Dozentin tätig und als Systemverwalterin für ein heterogenes Rechnernetz verantwortlich.

Norbert Rössler   Gabi Türscher

# Von DOS nach UNIX

Ein Schnellkurs für Aufsteiger

Springer-Verlag

Berlin Heidelberg New York
London Paris Tokyo
Hong Kong Barcelona
Budapest

*Autoren*

Norbert F. Rössler
Regerstraße 9, 81541 München

Gabi Türscher
Ahornstraße 11, 86706 Lichtenau

Diese Reihe entsteht in Zusammenarbeit mit InterFace Computer in München

Die Deutsche Bibliothek – CIP-Einheitsaufnahme. Rössler, Norbert: Von DOS nach UNIX: ein Schnellkurs für Aufsteiger / Norbert Rössler; Gabi Türscher. – Berlin; Heidelberg; New York; London; Paris; Tokyo; Hong Kong; Barcelona; Budapest: Springer, 1993

ISBN-13: 978-3-540-56322-8     e-ISBN-13: 978-3-642-78009-7
DOI: 10.1007/978-3-642-78009-7

NE: Türscher, Gabi:



Umschlaggestaltung: Konzept & Design, Ilvesheim
Satz: Reproduktionsfertige Vorlage von den Autoren
33/3140-5 4 3 2 1 0 – Gedruckt auf säurefreiem Papier

# Geleitwort

Seit zehn Jahren arbeiten Millionen von PC-Nutzern mit DOS. Für sie ist es die Plattform, auf der sie zu Hause sind. Nachdem der Intel 486 für bessere PCs mittlerweile selbstverständlich geworden ist, stehen jetzt bereits die ersten Rechner mit seinem Nachfolger, dem Pentium-Prozessor vor der Tür. Auch diese Maschinen werden (teilweise) mit veralteter DOS-Software laufen, die normalerweise nur im 16-Bit-Modus abgearbeitet wird. Diese Programme quälen sich durch den eingeschränkten Adreßraum von 16 Bit mit allerlei Tricks und passen für die neuesten Pentium-Rechner wie ein Trabbi auf eine Formel-I-Rennstrecke. Aber gibt es nicht seit mehr als 20 Jahren ein Betriebssystem, das portabel auf alle Hardware-Plattformen ist und die Kapazitäten der verwendeten Hardware voll ausschöpft?

Genau davon handelt dieses Buch. Es zeigt dem technisch interessierten DOS-Anwender, welche Features UNIX im Vergleich zu DOS bieten kann. Die vielgescholtene Komplexität von UNIX auf Kommando-Ebene ist auch kein Thema mehr, seit es mit OSF/Motif, OpenWindows oder NextStep einfach zu bedienende Fenstersysteme gibt. Neue Unix-Systeme erlauben auch die Systemverwaltung mit komfortablen mausgesteuerten Programmen. Das erleichtert dann die angeblich so komplexe Systemverwaltung unter UNIX wesentlich. Auch bei DOS ist der Systemverwaltungsaufwand nicht unerheblich, wenn man Netzwerke verwalten und Fenstersysteme benutzen will.

Das vorliegende Buch erklärt viele technische Details von UNIX und stellt sie denen von DOS gegenüber. Damit gibt es dem Leser, der sich ernsthaft mit dem Umstieg von DOS nach UNIX auseinandersetzen will, das erforderliche Rüstzeug. Dazu wünsche ich allen Lesern dieses Buches viel Erfolg.

München, im Februar 1993

Thomas Schönauer
Leiter Software-Entwicklung bei InterFace Computer GmbH

# Vorwort

Im vergangenen Jahr ersetzte eine Freundin von mir ihre DOS-Installation durch
ein UNIX-System, da sie für eine Studienarbeit ein Programm in Prolog unter
X11 erstellen wollte. Trotz ihrer mehrjährigen DOS-Erfahrung erschienen ihr
die Unterschiede zu UNIX so groß, daß sie mich bat, ihr doch einige wesentliche Dinge zu UNIX zu beschreiben. Mein Gedanke, alle diese Tips in einem
Buch zusammenzustellen, nahm konkrete Gestalt an, als ich von einem Kollegen
erfuhr, daß er etwas Ähnliches plante.

Wir wollten mit diesem Buch kein Nachschlagewerk für UNIX-Befehle schaffen, denn dazu stehen eine Reihe von ausführlichen UNIX-Büchern oder die Dokumentation zum jeweiligen System zur Verfügung. Unser Ziel war es, dem Leser
einen Überblick über die wichtigsten Unterschiede zwischen DOS und UNIX zu
geben und ihm zentrale Begriffe aus der UNIX-Welt vorzustellen. Zusammen
mit einer praxisnahen Einführung bekommt der Leser damit die nötigen Informationen, um sich schon nach kurzer Zeit in der UNIX-Welt genauso gut
zurechtzufinden wie unter DOS.

## Kenntnisse des Lesers

Kenntnisse auf dem Gebiet von Betriebssystemen werden vorausgesetzt, da Begriffe wie Betriebssystem und Prozeßverwaltung nicht näher erläutert werden.
Eine gewisse Vertrautheit mit DOS erleichtert das Verständnis einiger Abschnitte.

## Inhaltsübersicht

Das vorliegende Buch ist in vier Kapitel und einen Anhang gegliedert.
Kapitel 1 begründet die Thematik des Buches mit der Fragestellung, warum
UNIX statt DOS eingesetzt werden soll.
Kapitel 2 vergleicht zunächst die Entwicklungsgeschichten und Systemphiloso-
phien von DOS und UNIX.
Anschließend werden die bedeutendsten Standardisierungsbemühungen für
UNIX vorgestellt und kurz bewertet.
Näheren Einblick in die Interna bietet am Ende des Kapitels der Vergleich beider
Systeme unter Aspekten wie Prozeß- und Speicherverwaltung.

Die im Kapitel 3 erklärten Unix-Kommandos können als Basis für den Umgang mit einem Unix-System verstanden werden. Entsprechend der Absicht dieses Buches, als Einstiegshilfe zu dienen, werden zu den meisten Befehlen nur die gebräuchlichsten Optionen oder Anwendungen aufgeführt.

Das letzte Kapitel befaßt sich mit der Zukunft von DOS&Windows(NT) und UNIX.


## Anregungen und Kritik

Über Anregungen aber auch Kritik würden wir uns freuen. Wir sind über folgende Mailadresse erreichbar:

dos2unix@IFComputer.de

## Dankeschön

Ein Dankeschön an Britta, Brigitta und Holger für das oft mühsame aber unentbehrliche Korrekturlesen sowie an Brigitte für ihr Verständnis. Ein spezieller Dank geht an Stefan für seine hilfreichen Anmerkungen zum praktischen Umgang mit UNIX.

Wir möchten uns an dieser Stelle auch herzlich bei Annette Kolb und Claus Müller bedanken, die uns die Voraussetzungen zum Schreiben dieses Buches geschaffen haben.


München, im Februar 1993

Die Autoren

# Inhalt

# Verzeichnisse

## Abbildungen



## Tabellen

# 1 Die drei „W-Regeln" für den UNIX-Einsatz

## 1.1 Warum UNIX?

In den letzten Jahren hat die von einem typischen Mikrocomputer zur Verfügung gestellte Rechenleistung derartig zugenommen, daß sie durch den Einsatz von DOS nicht mehr sinnvoll ausgeschöpft werden kann. MS-Windows nutzt diesen Leistungszuwachs in erster Linie zur Steigerung der Benutzerfreundlichkeit mit Hilfe einer graphischen Oberfläche. Bei nahezu allen Anwendungsfällen, die nicht mit einer Einzelplatzlösung abgedeckt werden können, benötigt man jedoch zusätzlich Mechanismen zur Vernetzung, um eine Basis etwa für Client-Server-Konzepte oder Lastverteilungsverfahren bereitzustellen. Hier bietet sich der Einsatz von UNIX ganz besonders an, da es von Haus aus ein stabiles Multitasking-Verfahren, Mehrbenutzerfähigkeit und Mechanismen für den Zugriffsschutz mitbringt.

Die Hardwareunabhängigkeit von UNIX gestattet es darüberhinaus, den verwendeten Rechner primär nach Leistungsaspekten auszusuchen, d.h. man muß keine im Grunde zu kleine Architektur wählen, um die Lauffähigkeit der gewünschten Software sicherzustellen. Auch ein späterer Aufstieg zu einem noch stärkeren System gestaltet sich einfacher, was man nicht zuletzt unter dem Gesichtspunkt des Investitionsschutzes bedenken sollte.

Will man — etwa für mittlere bis große Projekte — Softwareentwicklung betreiben, kommt man um UNIX ohnehin nicht herum. Auf keinem anderen System kann man auf eine derartige Fülle von Tools und frei verfügbarem Quellcode zugreifen wie unter UNIX. Die Chancen stehen gut, daß man bei Spezifikation, Planung und Durchführung von Entwicklungsvorhaben durch wenigstens teilweise schon vorhandene Implementierungen unterstützt wird.

Faßt man die Überlegungen der beiden vorangegangenen Abschnitte zusammen, so ergibt sich Frage, warum man ein System, das sich sehr gut zur Entwicklung und zur Realisierung leistungsfähiger Software eignet, nicht auch als Endanwenderplattform einsetzt. Aus technischer Sicht steht dem wenig entgegen: Benutzerfreundliche, graphische Oberflächen gibt es unter UNIX bereits länger als unter DOS und die Hardwareanforderungen halten sich in etwa die Waage. In der Praxis wird man jedoch das vorhandene, DOS-dominierte DV-Umfeld berücksichtigen müssen. Vor diesem Hintergrund kommt der Integrationsfähigkeit von UNIX, d.h. den Möglichkeiten zur Einbindung in PC-Netzwerke, eine immer größere Bedeutung zu.

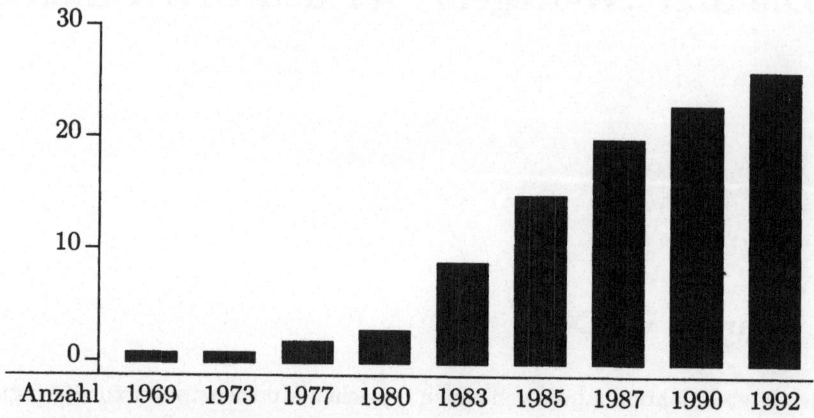



*Bei der Zählung wurden gleichnamige Systeme eines Anbieters, die im selben Zeitabschnitt auf verschiedenen Hardwareplattformen liefen, entsprechend mehrfach gezählt, Nachfolgeversionen für modernere Maschinen auch bei abweichender Namensgebung dagegen nur einfach. Im einzelnen wurden folgende Implementierungen berücksichtigt (in alphabetischer Reihenfolge): A-UX, AIX(3×), AT&T, Berkeley, BSD/386, Coherent, DG-UX, Dynix, Esix, Eurix, HP-UX, Interactive, Irix, Linux, Munix, NEWS-OS, OSF/1, SUN-OS, Sinix, UTS, Ultrix, Univel, Xenix(2×)*

**Abbildung 1.1:** *Zunahme der Anzahl erhältlicher UNIX-Systeme seit 1969*

Der gravierendste Unterschied zwischen DOS und UNIX zeigt sich aber bei der technischen Qualität beider Systeme. Während bei DOS der starke ökonomische Druck die Entstehung (und anschließende Etablierung) immer neuer Hilfslösungen förderte, konnte sich das Augenmerk bei UNIX länger auf grundsätzliche Designfragen konzentrieren. Zusammen mit den jeweils aktuellen Erkenntnissen aus dem wissenschaftlich geprägten Umfeld entstand dadurch ein Betriebssystem, das wesentlich weniger mit technischen „Altlasten" behaftet ist als DOS. Der Aufwand bei der Programmentwicklung kann sich damit bei UNIX deutlich besser auf die eigentliche Aufgabenstellung konzentrieren. „Künstliche" Probleme wie eine überaus komplizierte Speicherverwaltung oder die Berücksichtigung möglicherweise unverträglicher Treiberprogramme gibt es unter UNIX nicht.

Daß dies auch dem Anwender Vorteile bringt, erkennt man oftmals bereits an der Art, wie Programme unter DOS bzw. UNIX installiert werden: Während die Anpassungsarbeit für UNIX-Software größtenteils beim Hersteller liegt, können DOS-Programme typischerweise erst beim Endbenutzer für seine Konfiguration (Basissoftware, Treiberprogramme und Utilities) eingerichtet werden, was eine große Problemquelle darstellt.

Die Abbildung 1.1 zeigt eine Statistik, die die zunehmende Anzahl auf dem Markt befindlicher UNIX-Versionen verdeutlicht. Das dadurch zum Ausdruck kommende Interesse der Hard- und Softwarehersteller ist ein deutlicher Beweis für die Praxistauglichkeit des Systems.

## 1.2 Welches UNIX?

Spätestens dann, wenn sich der potentielle Umsteiger kaufinteressiert dem Markt zuwendet, wird er mit der Tatsache in Berührung kommen, daß UNIX in einer Reihe unterschiedlicher Derivate existiert, die ihre gemeinsame Abstammung ebensowenig leugnen können wie die abweichenden Entwicklungspfade zwischen damals und heute. Nicht zuletzt infolge von Standardisierungsbemühungen haben sich die Entwicklungslinien aber mittlerweile wieder einander genähert. Konkret bedeutet das, daß die „portable Schnittmenge" von Systemfunktionen sowohl für den Anwender als auch für den Entwickler gewachsen ist. Bei den „alltäglichen" Befehlen merkt man die Unterschiede ohnehin kaum. Trotzdem kann man nicht davon ausgehen, daß jede gewünschte Anwendung auch auf jeder Plattform verfügbar ist bzw. der Hersteller eine Portierung durchführen wird, obgleich sich die Voraussetzungen dafür verbessert haben.

Auch bei UNIX bestimmt also primär das Anwendungsfeld die Menge der in Frage kommenden Derivate.

Die Situation, daß die Anwendung effektiv ein bestimmtes System erzwingt, wird aber selten eintreten. Zumindest kann man damit rechnen, vergleichbare Programme auf unterschiedlichen Plattformen verfügbar zu haben. Für die Systemauswahl kommen daher noch weitere Kriterien ins Spiel:

- Leistungsbandbreite der möglichen Hardware

- PC-Kompatibilität (i.e. 80x86- oder RISC-CPU)

- Einbindbarkeit in vorhandene DV-Umgebung, speziell:

    o UNIX als Client oder Server in PC-Netzen

    o Mainframeanbindung

    o Import und Export vorhandener Applikationsdaten

- nationalsprachliche Anpassung

- Support für Entwickler, konkret:

    o Gestaltung des „Packagings", d.h. um wieviel ist ein Entwicklersystem teurer und welche Systemkomponenten deckt es ab?

    o Ist der Quellcode des Systems ganz oder teilweise verfügbar?

    o Lizenzierungspolitik des Herstellers

- Preis

Im übrigen ist die Existenz mehrerer und z.T. unverträglicher Spielarten nicht allein ein Problem von UNIX. Auch DOS existiert als

1. **PC-DOS** von IBM nur für die eigenen Rechner

2. **MS-DOS** von Microsoft für alle „Kompatiblen"

3. **DR-DOS** von Digital Research als Konkurrenz zu 2.

Bedingt durch den technischen Nachholbedarf von DOS sind außerdem die Sprünge zwischen den jeweiligen Versionsständen im Vergleich zu UNIX recht groß. Zusammen mit den bereits angesprochenen Unterschieden in der individuellen Treiberausstattung führt dies dazu, daß auch DOS-Systeme längst nicht so kompatibel sind, wie man dies vermuten möchte.

## 1.3  Wie kommt man mit UNIX zurecht?

Die Benutzung eines UNIX-Systems gliedert sich grundsätzlich in die Bereiche „Anwendung" und „Verwaltung". Allenfalls bei kleinen Installationen wird der (dann oftmals einzige) Benutzer auch der Systemverwalter sein. Nicht zuletzt aufgrund von Sicherheitsüberlegungen sollte man aber immer eine möglichst saubere Trennung beider Gebiete anstreben.

Die eben angesprochene Unterscheidung wirkt sich auch auf den bei einem Wechsel erforderlichen Umschulungsaufwand aus. Während der Erwerb von Administrationskenntnissen immer mit einer gewissen Mühe verbunden sein wird — diesbezügliche Sparsamkeit ist definitiv fehl am Platz — kann das Bild aus Anwendersicht wesentlich günstiger aussehen, falls von den vorher benutzten Applikationsprogrammen UNIX-Versionen verfügbar sind, die in Funktionsumfang und Bedienung nur wenig von ihren DOS-Pendants abweichen.

Typischerweise wird aber auch ein „Nur-Anwender" zumindest mit der Shell in Kontakt kommen und hin und wieder Textdateien mit Konfigurationsinformation und kleinen Programmen bearbeiten müssen. Ein „Überlebenspaket" an UNIX-Wissen muß daher mindestens die folgenden Teilthemen beinhalten:

- C-Shell und/oder Korn-Shell

- Befehle zur rudimentären Dateibehandlung

- vi-Editor

Der Abschnitt 3 dieses Buches kann dabei als Minimalausstattung und Grundlage für die weitere Einarbeitung herangezogen werden.

Eine Systemverwalterschulung muß darüberhinaus die Bereiche „Vernetzung" (Dateisystem, elektronische Post) und „Sicherheit" beinhalten. Die Intensität der Ausbildung sollte sich grob an den folgenden Kriterien orientieren:

- Heterogenität des ggf. vorhandenen Netzes

- Breite und Intensität der Systemnutzung

- Häufigkeit von Konfigurationsänderungen

Falls der letztgenannte Aspekt weniger zutrifft, lassen sich anfängliche Probleme u.U. preisgünstiger mit sog. Supportverträgen lösen. Im Rahmen eines solchen Abkommens verpflichtet sich beispielsweise ein Vertriebspartner eines UNIX-Anbieters, für eine begrenzte Zeit nach dem Kauf Personal mit dem erforderlichen Sachverstand bereitzustellen oder zumindest telefonisch zur Seite zu stehen. Die betreffenden Fachkräfte verfügen oft über jahrelange Erfahrung und damit über einen Informationsvorsprung, der selbst durch intensive Schulung der eigenen Mitarbeiter nur schwer wettgemacht werden kann. Eine Schulung zahlt sich jedoch dann aus, wenn sich häufiger Änderungen an Art und Anzahl der vorhandenen Rechner oder an der darauf installierten Software ergeben.

Bei all diesen Überlegungen muß aber berücksichtigt werden, daß Systemverwaltung Vertrauenssache ist. Gegen einen schlampigen oder gar böswilligen Administrator helfen die meisten Sicherheitsvorkehrungen von UNIX nichts. Beispielsweise wurden viele der spektakulären Hacker-Einbrüche in der Vergangenheit einfach durch Nichtbenutzung der vorhandenen Schutzeinrichtungen ermöglicht. Dies zeigt eindringlich, daß man sich allein von einem Umstieg von DOS auf UNIX nicht automatisch die Lösung bestehender Sicherheitsprobleme erhoffen darf. Allerdings kann man sie mit UNIX besser angehen.

# 2 Vergleich von DOS und UNIX

## 2.1 Entwicklungsgeschichte

### 2.1.1 DOS

Im Jahr 1980 suchte die zuständige Abteilung der Firma IBM nach einem Betriebssystem für den damals neu konstruierten PC. Als Kontrapunkt zu den Maschinen von Apple, die den Motorola 68000 als CPU verwendeten, war die Wahl auf einen Intel-Prozessor gefallen. Im nachhinein kann das vielleicht als eine der verhängnisvollsten, zumindest aber prägendsten Entscheidungen der Computergeschichte gelten, da viele DOS-typische Probleme letztlich auf den dadurch erzwungenen, *segmentierten* Adreßraum zurückgehen. Die Wahl des Prozessors beeinflußte natürlich die des Betriebssystems. Nachdem Digital Research mit seiner 8086-Version von **CP/M** (Control Program for Microcomputers) noch nicht ganz fertig war, entschied man sich bei IBM für eine Anfrage bei Microsoft. Auch diese Firma wäre aus eigener Kraft aber nicht zu einer termingerechten Lieferung in der Lage gewesen, so daß Microsoft-Führer *Bill Gates* der relativ unbekannten Firma *Seattle Computer Products* ihr von *Tim Paterson* geschriebenes **QDOS** (Quick Disk — oder weniger fein: Quick and Dirty — Operating System) abkaufte. Erst ab diesem Moment hieß es **MS-DOS**. Insider erzählen, die Entscheidung hätte trotz der zeitlichen Verzögerung zugunsten von CP/M-86 ausfallen können, wenn der Repräsentant von IBM beim damaligen DR-Chef und CP/M-Erfinder *Gary Kildall* nicht erst einmal abgeblitzt wäre: Dieser soll den Termin nicht so ernst genommen haben und zum fraglichen Zeitpunkt in seinem kleinen Privatflugzeug unterwegs gewesen sein — angeblich mit dem Surfbrett an Bord.

Der damals im Mikrocomputerbereich dominanten Stellung von CP/M konnte sich allerdings auch MS-DOS zumindest anfangs nicht entziehen. Um die Migration bestehender Anwendungen zu erleichtern, wurde beispielsweise die Programmierschnittstelle zum Systemkern so gestaltet, daß man Assemblercode für CP/M z.T. halbautomatisch auf MS-DOS umschreiben konnte. Die Entscheidung für diesen Aufrufmechanismus ging allerdings auf Kosten der programmiertechnischen Einheitlichkeit und der Effizienz.

Die CP/M-ähnlichen Systemfunktionen, die vornehmlich den Umgang mit Dateien betrafen, verloren in DOS jedoch mit der Zeit immer mehr an Bedeutung und wurden durch Xenix-ähnliche ersetzt. Näheres war der erste Ver-

such, zu Xenix, dem ersten UNIX-Derivat für PCs, steht in Abschnitt 2.1.2.
Die DOS-Version 2.11 kann für diesen Annäherungsprozeß als Meilenstein angesehen werden — gab es doch erstmals die Möglichkeit, Unterverzeichnisse einzurichten und Festplatten zu nutzen.

Die 3.x-Versionen brachten neben diversen Fehlerkorrekturen vor allem Unterstützung für größere Datenträger, wenngleich die Beschränkung auf max. 32 MByte pro Laufwerk bestehen blieb.

Ab Version 4.0 fanden erstmals Programme zur Verwaltung des über 640k hinausgehenden Speichers mit Hilfe eines 80386-Prozessors Eingang in DOS. Zahlreiche Fehler gerade in diesem Code und eine zu Lasten der Anwendungsprogramme gewachsene Größe von DOS selbst ließen diese Version jedoch zu keinem großen Erfolg werden, obwohl die 32 MByte-Barriere bei den Laufwerken mittlerweile gefallen war.

Nicht zuletzt im Hinblick auf die Verwendung als Plattform für Windows 3.0, waren die zuvor sehr lästigen Speicherverwaltungsfehler in MS-DOS 5.0 weitgehend beseitigt worden. Ein rudimentärer Mechanismus zur Umschaltung zwischen mehreren Tasks auf der DOS-Ebene (es kann allerdings immer nur einer aktiv sein) fand jedoch angesichts der weitaus besseren Möglichkeiten von Windows bei den Softwareentwicklern kaum noch Beachtung. Daß erst mit dieser Version — also Anfang der 90er Jahre — ein bildschirmorientierter Editor zum Lieferumfang gehört, darf man getrost als Aberwitz der PC-Geschichte ansehen, erhob der „Persönliche Computer" doch (ansonsten zurecht) den Anspruch, wesentlich komfortabler zu sein als die früher verwendeten Druckerterminals und Großrechnerkonsolen.

Allein schon aus technischen Gründen ersetzen mittlerweile etliche Systemfunktionen von Windows ähnliche von DOS, so daß dessen weitere Entwicklung nicht mehr isoliert gesehen werden kann. Die Eigenschaften von DOS & Windows aus heutiger Sicht werden im Abschnitt 2.4 im Rahmen eines Vergleichs mit UNIX näher besprochen.

Am Ende dieser kurzen Betrachtung der Geschichte von DOS kann man — nicht ohne einen gewissen ironischen Unterton — sagen, daß DOS umso besser wurde, je mehr es von UNIX übernahm.

### 2.1.2 UNIX

Betrachtet man die Geschichte von UNIX im Vergleich zu der von DOS, entdeckt man verblüfft, daß UNIX — wiewohl stets moderner als DOS — historisch gesehen älter ist. Einige der zugrundeliegenden Ideen entstammen einem Großrechnerbetriebssystem namens Multics, das Mitte der sechziger Jahre von der Firma General Electric in Zusammenarbeit mit dem MIT und den Bell Laboratories entwickelt wurde. 1969 zogen sich letztere aber von dem Projekt zurück. Die betroffenen Mitarbeiter begannen unter der Leitung von *Ken Thompson*, die gewonnenen Erkenntnisse in ein Betriebssystem umzusetzen. Dieses sollte zwar wesentlich weniger umfangreich — d.h. insbesondere nicht nur auf Mainframes zugeschnitten — sein, aber trotzdem Merkmale wie Mehrbenutzer- und

Mehrprogrammbetrieb sowie Modularität und Übersichtlichkeit aufweisen. In gewisser Weise stellt UNIX damit das erste (bekanntgewordene) Downsizing-projekt der EDV-Geschichte dar. Ziel der Entwicklung war es in erster Linie, eine einheitlich strukturierte Sammlung von Hilfsmitteln für die Softwareentwicklung bereitzustellen.

Der für die Verbreitung und damit für den Gesamterfolg von UNIX wichtigste Schritt vollzog sich in den Jahren 1969–1972, als *Dennis Ritchie* eine Re-Implementierung des bis dahin in PDP-7-Assembler realisierten UNIX-Systems in der von ihm entworfenen Programmiersprache C vornahm. C war zwar keine Neuschöpfung — es verdankte viele Elemente der Systemprogrammiersprache BCPL —, führte jedoch erstmals ein Typkonzept und hochsprachliche Strukturierungsmittel in die Systemprogrammierung ein. Mit der fast vollständigen Umstellung auf C hatte man um den Preis eines um ca. ein Drittel gestiegenen Codeumfangs die weitgehende Hardwareunabhängigkeit gewonnen, da von diesem Zeitpunkt an nur noch wenige Teile des Systemkerns in Assembler geschrieben werden mußten.

Zum damaligen Zeitpunkt sah Western Electric noch keine Marktchancen für UNIX und stellte das System nichtkommerziellen Einrichtungen kostenlos zur Verfügung, wodurch die Beliebtheit von UNIX im universitären Bereich begründet wurde. Die Versionen 6.0 und 7.0 des Ursystems wurden zwar bereitwillig verteilt, Support von Western Electric gab es jedoch nicht.

Die bedeutendste universitäre Weiterentwicklung des Systems begann im Jahre 1975 an der Universität von Kalifornien in Berkeley, wo „UNIX-Urvater" *Ken Thompson* gerade ein Forschungssemester eingelegt hatte. Die Namen *Bill Joy* und *Chuck Haley*, beide waren damals noch Studenten, stehen für eine jahrelange intensive Beschäftigung mit dem System. In deren Folge gab es zahlreiche Verbesserungen, von denen die wichtigsten hier kurz zusammengefaßt werden sollen (die Aufzählung ist nicht chronologisch):

- *Kernel:* Job Control (Möglichkeit zum zeitweisen „Einfrieren" von Tasks, Prozesse können zur Laufzeit zwischen Vorder- und Hintergrund wechseln); Autokonfiguration (Speichergröße und angeschlossene Geräte werden beim Systemstart ermittelt und z.B. Puffergrößen automatisch angepaßt); Debugger für den Systemkern (erleichtert die Entwicklung von Gerätetreibern)

- *Filesystem:* lange ($\leq$ 254 Zeichen) Dateinamen; Fast File System (bessere Performance v.a. bei mehreren Benutzern); Plattenplatzquotierung

- *Netzwerkfähigkeit:* Implementierung von TCP/IP (Transmission Control Protocol / Internet Protocol) und NFS (Network File System)

- *Sonstiges:* `termcap` (Zentralisierung terminalspezifischer Ansteuerungsinformation und geräteunabhängige Schnittstelle dazu); `vi`; C-Shell

Zumindest TCP/IP findet man bereits seit Jahren in allen bedeutenden UNIX-Derivaten, gleichgültig aus welcher Entwicklungslinie sie hervorgegangen sind.

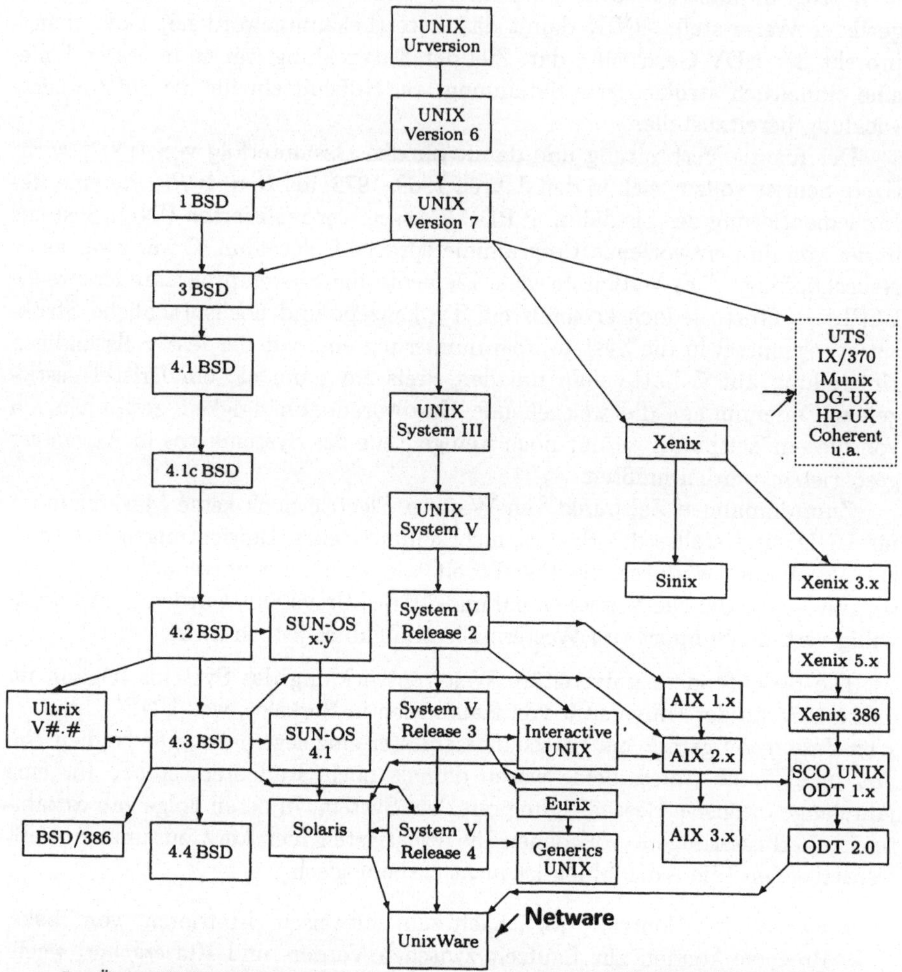



Der Übersichtlichkeit halber fehlen einige Zwischenversionen und herstellerspezifische Derivate.

Neben den obigen Systemen, die mehr oder weniger nah mit der AT&T-Linie verwandt sind, existieren neben OSF/1 (siehe Abschnitt 2.3.5) noch andere, vollständig lizenzgebührenfreie Neuentwicklungen, die hier in Textform nachgetragen werden:

1. **GNU** (Abkürzung für **GNU** is **Not UNIX**) stellt das eigentliche Ziel der *Free Software Foundation* (FSF) dar. Der Quellcode für die dabei bereits entstandenen und weithin beliebten Programmierwerkzeuge wurde zur ausschließlich nichtkommerziellen Nutzung veröffentlicht.

2. **Linux** existiert seit 1990 ebenfalls als sog. *Public Software*. Es ähnelt einem System V mit vielen BSD-Erweiterungen.

**Abbildung 2.1:** *Die Entwicklungsgeschichte von UNIX im Überblick*

Die Erweiterung anderer UNIX-Systeme um TCP/IP wurde nicht zuletzt dadurch erheblich erleichtert, daß auf den betreffenden Programmteilen keine Rechte von AT&T liegen. Dies gestattete der Universität Berkeley, den erforderlichen Quellcode zu veröffentlichen.

Das 1983 erschienene 4.2 BSD erlangte durch den Einsatz auf Maschinen von DEC (Ultrix) und SUN (SUN-OS) große Beliebtheit. Dies gilt vor allem für den wissenschaftlichen Bereich, wo es einen Quasi-Standard verkörpert. Bei 4.3 BSD (erstmals 1986) wurde zunächst die Netzwerksoftware vervollständigt. 1988 und 1990 erschienen weitere, mit „Tahoe" und „Reno" bezeichnete Releases unter gleicher Nummer, bei denen neben anderen Verbesserungen am Kern vor allem die Hardwarebasis — insbesondere um Systeme mit PC-Architektur — erweitert wurde. Vorher war die Portierung auf andere Systeme als VAX allein Sache der jeweiligen Anbieter gewesen. Das 1992 angekündigte 4.4 BSD soll vollständig POSIX-konform (siehe 2.3.2) sein und neben TCP/IP eine Implementierung der OSI-Protokollschichten enthalten. Streitigkeiten mit AT&T sowie personelle Veränderungen beim Träger der BSD-Entwicklung, der *Computer Science Research Group*, ließen deren Bedeutung innerhalb der Universität Berkeley jedoch soweit sinken, daß 1992 zum großen Bedauern vieler UNIX-Anhänger das bevorstehende Ende des BSD-Projekts bekanntgegeben wurde.

Die seit Ende der achtziger Jahre stattfindende Mitfinanzierung der UNIX-Entwicklung in Berkeley durch Firmen wie HP und Cray belegt deutlich das große kommerzielle Interesse an UNIX. Die ersten Schritte in Richtung Geschäftswelt tat das System aber bereits 1980, als AT&T den UNIX-Quellcode an die Firma Microsoft bzw. an die neugegründete **Santa Cruz Operation** (**SCO**) weitergab. Ziel dieser Initiative war es, UNIX unter dem Namen **Xenix** auch für den IBM PC verfügbar zu machen. In der Xenix-Linie war die Anpassung des Systems an den damaligen Stand der PC-Technik zunächst zwangsweise eher ein Prozeß des Weglassens, um auch mit den damals noch bescheidenen Hardwarevoraussetzungen und dem segmentierten Adreßraum überhaupt etwas zu erreichen. Darüber hinaus wurden bei Xenix erstmals Menü- und Textfenstertechniken eingesetzt, um die Benutzerfreundlichkeit speziell bei Systemverwaltungsaufgaben zu verbessern. Einerseits machte diese Arbeit Xenix und seinen Nachfolger SCO-UNIX zum erfolgreichsten (weil jahrelang einzigen) UNIX für PCs, andererseits stand es dadurch auch etwas am Rande der Systemfamilie. Seit dem Durchbruch des 80386-Prozessors verringern sich die Unterschiede zum „UNIX-Mainstream" allerdings wieder. Nach außen hin wird dieser Trend durch einen Vertrag mit AT&T dokumentiert, der SCO die Verwendung des Namens „UNIX" gestattet. Obwohl die Kompatibilität zu früheren Versionen das heutige SCO-UNIX größer und komplexer werden läßt, als ein PC-UNIX eigentlich sein müßte, stellt es einen Quasi-Standard in diesem Bereich dar und übertrifft hinsichtlich seiner Installationszahlen manche UNIX-Version für RISC-Workstations.

Parallel zu den Aktivitäten anderer Institutionen entwickelte auch AT&T seine UNIX-Linie weiter. Im Hinblick auf die gewachsene und weiter zuneh-

| Jahr | System | Bedeutung bzw. neue Features |
|---|---|---|
| 1969 | Ur-UNIX | Implementierung in Assembler |
| 1972 | Original-UNIX | weitgehende Neufassung des Codes in der neu-konzipierten Sprache C |
| 1975 | UNIX Version 6 | immer noch kein eigentlicher Markt für UNIX. Beginn der Quellcodeweitergabe an Universitäten |
| 1977 | 1 BSD | ex |
| 1978 | 2 BSD | termcap, vi |
| 1979 | 3 BSD | Franz Lisp, C-Shell |
| 1979 | UNIX Version 7 | AT&T übernimmt formal die Rechte an UNIX |
| 1980 | 4 BSD | Job Control, 1k-Filesystem |
| 1980 | Xenix | Beginn der Entwicklung |
| 1981 | 4.1 BSD | Autokonfiguration |
| 1981 | UNIX System III | interne Fertigstellung |
| 1982 | UNIX System III | offizielle Markteinführung (mit Support) |
| 1983 | 4.2 BSD | Fast File System, TCP/IP, Plattenquotas |
| 1983 | UNIX System V | |
| 1983 | Xenix 1.0 | Auslieferung |
| 1984 | UNIX System V.2 | |
| 1985 | AIX 1.0 | erstmals ein UNIX von IBM |
| 1985 | Xenix 3.0 | Anpassung an den AT (80286) |
| 1986 | 4.3 BSD | „Mutter" von Ultrix und SUN-OS |
| 1986 | System V.3 | „Referenz-UNIX" und Grundlage für die meisten PC-Portierungen |
| 1987 | AIX 2.2 | zusätzlich zur 6150 auch PS/2-Version |
| 1987 | Xenix 386 | |
| 1988 | 4.3 BSD Tahoe | Kerndebugger |
| 1988 | SCO UNIX 386 | näher an System V.3 als Xenix 386 |
| 1990 | 4.3 BSD Reno | NFS |
| 1990 | UNIX System V.4 | Integration von 4.3 BSD in die AT&T-Linie |
| 1990 | SCO ODT 1.0 | OSF/Motif in breiter Front auf PCs |
| 1990 | AIX 3.0 | IBM steigt mit der RS/6000 intensiv in das Workstation-Geschäft ein |
| 1992 | 4.4 BSD | OSI-Protokoll |
| 1992 | SCO ODT 2.0 | BSD-Erweiterungen, neue Oberfläche |
| 1992 | AIX 3.2 | verbesserte Sicherheit, DCE erhältlich |

**Tabelle 2.1:** *Die wichtigsten Daten der UNIX-Geschichte*

mende Bedeutung im kommerziellen Bereich wurde viel Arbeit investiert, um dem durch viele Einzelbeiträge gewachsenen System insgesamt mehr Konsistenz zu verleihen und durch Zusammenfassung der technischen Informationen einen Support zu ermöglichen. Für die geschäftliche Verwertung von UNIX waren fortan Lizenzgebühren sowohl für die Rechte an den Quellen an sich als auch pro verkaufter Binärversion zu entrichten. Im Gegensatz zum Quellcode und zum Namen „UNIX" waren und sind die im System steckenden Ideen selbst rechtlich nicht geschützt, was UNIX-kompatible Eigenentwicklungen ermöglichte. Die UNIX-Linien der großen Hardwarehersteller bauen aber entweder auf dem BSD-Code (Ultrix von Digital Equipment und SUN-OS) oder auf dem von AT&T zum Standard erhobenen **System V**, dem Nachfolger von System III, auf. Allerdings enthalten beispielsweise **AIX** von IBM oder **DG-UX** von Data General schon seit langer Zeit neben hauseigenen Erweiterungen so viele BSD-Features, daß sie als *hybride* Systeme bezeichnet werden.

Die in den Jahren nach 1983 erschienenen System V Release 2 (SVR2) und SVR3 unterschieden sich vom ersten System V hauptsächlich durch gesteigerte Leistungsfähigkeit zahlreicher Werkzeuge sowie einfachere Portabilität. Mit System V.4 vollzogen sich neben der offiziellen Integration der BSD 4.3-Erweiterungen auch zahlreiche Änderungen an der Dateisystemstruktur und der Programmierschnittstelle.

Die UNIX-Entwicklungsfirma war zwischenzeitlich unter dem Namen **UNIX System Laboratories** (**USL**) selbständig geworden. 1993 erfolgte die Übernahme dieser Firma durch den PC-Netzwerkhersteller **Novell**, der voraussichtlich die Zukunft von UNIX bestimmen wird.

Im allgemeinen Trend zur Annäherung der getrennten Systemlinien und zur verstärkten Integration verschiedener Rechnerwelten spielt **UnixWare**, die mit diesem Unternehmenskauf geschaffene Verbindung von UNIX und Netware, sicherlich eine der Hauptrollen, zumal es mit SCO UNIX und Solaris binärkompatibel sein soll. Zum Zeitpunkt der Abfassung dieses Buches ist es aber noch zu früh, die Stellung des Univel-Produkts in der Geschichte von UNIX zu beurteilen.

Die im Laufe der Jahre gewachsene Bedeutung von UNIX wirkte sich natürlich auch auf andere Betriebssysteme aus. Neben offiziellen Standards (siehe insbesondere Abschnitt 2.3.2) kamen auch „konkurrierende" Aktivitäten anderer Universitäten an UNIX nicht mehr vorbei, d.h. neue Systeme wurden so konstruiert, daß sie sich wie UNIX verhalten konnten. Die Rede ist hierbei insbesondere von dem an der *Carnegie Mellon University* entwickelten **Mach**, das im Grunde eine Plattform darstellt, auf der sich das eigentliche Betriebssystem u.U. effektiver implementieren läßt als direkt oberhalb der Hardware. Für den Einsatz auf dem NeXT-Computer wählte man ein eng an 4.3 BSD angelehntes System. Mittlerweile hat sich darüber hinaus die OSF (siehe 2.3.5) entschieden, bei ihrem System den **Mach**-Kernel zu verwenden.

In einer Zusammenfassung der UNIX-Historie darf schließlich das am Massachusets Institute of Technology (**MIT**) entstandene X-Window-System nicht fehlen. Obwohl es keine „offizielle" Komponente von UNIX darstellt, existiert seit Jahren kein ernstzunehmendes Derivat mehr, für das es X-Windows nicht wenigstens als Zusatzprodukt zu kaufen gäbe, sofern es nicht sogar zum integralen Bestandteil geworden ist.

Ähnlich wie bei UNIX selbst lag den Arbeiten an X-Windows in der Anfangsphase (1984) bereits vorhandene Software zugrunde, nämlich ein an der Stanford University entstandenes Fenstersystem mit dem Namen W. Analog zu der Vorgehensweise von Dennis Ritchie, der für seine Weiterentwicklung von BCPL bzw. B einfach den nächsten Buchstaben des Alphabets herangezogen hatte, wurde die Neufassung von W als X bezeichnet. X-Windows ist eigentlich nur eine Komponente des sog. *Athena-Projekts*, das sich zum Ziel gesetzt hat, unter anderem durch Einsatz graphischer Benutzeroberflächen wie X neue Konzepte und Technologien zur Wissensvermittlung zu schaffen. Im Unterschied zu den Anfangsjahren von UNIX gab es beim Athena-Projekt von Anfang an auch einen geschäftlichen Hintergrund in Gestalt der Finanzierung durch große Computerhersteller wie DEC und IBM. Trotz der damit verbundenen Erwartungen wurden die ersten Versionen nur intern beim MIT eingesetzt. Erst die zehnte Hauptversion gelangte zur Veröffentlichung und fand nach Berücksichtigung diverser Rückmeldungen im Jahre 1986 mit der vierten Release (Kurzbezeichnung: X10R4) erstmals eine gewisse Verbreitung auch auf kommerziellen Rechnern.

Die Designrichtlinien forderten für X-Windows neben der für UNIX-Software quasi obligatorischen Hardwareunabhängigkeit und einer Schichtenstruktur vor allem Netzwerktransparenz, d.h. die Fähigkeit, Berechnung und Anzeige von Daten auf verschiedenen Maschinen durchzuführen. Abschnitt 2.4.6 geht im Rahmen eines kurzen Vergleichs mit MS-Windows näher auf die sich durch dieses Konzept ergebenden Eigenschaften ein.

Trotz des mittlerweile sehr regen Echos zahlreicher Benutzer liegen Planung und teilweise auch Implementierung des Kernsystems nach wie vor in den Händen des sog. *X-Consortiums* beim MIT. Dieses Gremium legt die Ziele der Weiterentwicklung fest und entscheidet auch darüber, welche der von Firmen und Universitäten vorgeschlagenen Erweiterungen in den „offiziellen" Teil, die sog. *core distribution*, übernommen werden. Für die Nutzung der X-Technologie sind *keine* Lizenzgebühren zu entrichten.

X-Windows bietet im Grunde nur eine — allerdings sehr mächtige — Basis für graphische Oberflächen, zumindest schreibt das X-Consortium kein bestimmtes Design für die Benutzerschnittstelle von Anwendungsprogrammen vor, wie dies beispielsweise bei dem auf X-Windows aufbauenden OSF/Motif (siehe auch 2.3.5) der Fall ist. Durch das Fehlen einschlägiger Vorschriften wurde es aber auch möglich, proprietäre Fenstersysteme wie SUN-View nachzubilden und damit die Migration von Anwendungen zu erleichtern. Vor allem jedoch ermöglicht die Verwendung von X-Windows als Grundlage die Koexistenz verschiedener Benutzeroberflächen (z.B. OSF/Motif und Open Look von SUN) auf einer Maschine im laufenden Betrieb.

Die bislang letzte Hauptversion von X-Windows trägt die Nummer Elf und hat seit ihrem Erscheinen Ende 1987 fünf Releases durchlaufen. Die augenfälligsten Neuerungen dabei waren die Möglichkeit zur Erzeugung von Fenstern beliebiger Form in **X11R4** und die Unterstützung einer angepaßten Version der **PHIGS**-Bibliothek für professionelle 3D-Graphiken in **X11R5**. Ein weiteres Merkmal dieser Release ist die signifikante Zunahme der X-Windows-fähigen Hardwareplattformen, da der von *Thomas Röll* entwickelte X-Server (siehe 2.4.6) für eine Reihe von SVGA-Karten verschiedener Typen in die Standarddistribution aufgenommen wurde. **X11R6** wird wahrscheinlich im Laufe des Jahres 1993 herauskommen und neben einer geringeren Netzwerkbelastung vor allem einen standardisierten Weg zur Einblendung von Videobildern anbieten.

Einen Überblick über die wichtigsten Wege und Meilensteine der UNIX-Geschichte geben die Abbildung 2.1 und die Tabelle 2.1.2.

## 2.2  Systemphilosophien

### 2.2.1  Einleitung

Sowohl DOS als auch UNIX waren in ihrer frühen Zeit eher spielerische Betriebssysteme, wobei man bei DOS im Hinblick auf damals bereits vorhandene Mikrocomputer eine spätere kommerzielle Verwendung zumindest angedacht hatte. Die anfangs unreife Natur unterschied beide von den Betriebssystemen der sog. „mittleren Datentechnik" und der Großrechner, die von vorneherein darauf ausgelegt waren, mehrere Benutzer gleichzeitig zu bedienen und die Anwendungssoftware bei typischen Problemen der kommerziellen Datenverarbeitung — beispielsweise durch die Bereitstellung von Transaktionsmechanismen — zu unterstützen. Damit erschöpfen sich die Gemeinsamkeiten allerdings bereits.

Die im weiteren Verlauf sehr verschiedenen Entwicklungsgeschichten der beiden Systeme resultieren aus der Gegensätzlichkeit ihrer jeweils prägenden Ideen und Konzepte — oder auch aus deren Fehlen bzw. verspäteter Umsetzung.

### 2.2.2  DOS

Die Entscheidung von IBM für MS-DOS setzte das Betriebssystem von diesem Moment an dem Druck der Anforderungen eines Marktes aus, der unerwartet und geradezu explosionsartig gewachsen war. Da MS-DOS seitens seiner Herstellerfirma lange Zeit nicht so schnell angepaßt wurde, wie die Bedürfnisse der Anwender und die Hardwareleistung zunahmen, wurde und wird das typische „Software-Erscheinungsbild" eines DOS-Rechners durch eine große Zahl dazuladbarer Treiber und Hilfsprogramme ge- bzw. verformt. Der Zuschnitt auf die Mikrocomputer der damaligen Zeit, der in Phasen teurer Hardware noch ein Vorteil für DOS war, geriet immer mehr zur Zwangsjacke. Andererseits schufen die so entstandenen Engpässe — wenigstens für eine gewisse Zeit — die Geschäftsgrundlage für zahlreiche Unternehmen, die durch Verbesserungen beim Festplattenhandling, bei der Benutzerschnittstelle und vor allem bei der Speicherverwaltung gegenüber Microsoft immer ein Stück voraus waren. Ein deutlicher Beleg für die ausgesprochen spartanische Natur von „purem" DOS ist nicht zuletzt die große Auswahl an Zusatzsoftware. Diese ermöglicht es erst, unter DOS die vorhandene Hardware besser (wenn auch nicht voll) auszunutzen und sich eine annehmbare Arbeitsumgebung zu schaffen. Mittlerweile hat Microsoft dies erkannt und für die neueste Version 6.0 die Lizenzen einiger besonders verbreiteter Utilities anderer Hersteller angekauft.

Beleuchtet man Windows 3.x aus dieser Perspektive, so kann man zu der Ansicht gelangen, daß es sich auch hierbei um einen Versuch handelt, eine vorhandene und mittlerweile praxiserprobte Technologie — in diesem Falle UNIX — vergleichsweise spät für die Masse der wartenden DOS-Benutzer zu adaptieren. Anders ausgedrückt hat Microsoft gerade noch zugeschlagen, ehe durch die Unzufriedenheit der Benutzer der Abwanderungsdruck zu anderen Systemen die kostenbedingte Hemmschwelle auf breiter Front überschreiten konnte, obwohl die durch Windows fällig gewordenen Updates unerwartet teuer ausfallen konnten.

DOS allein hat inzwischen wohl fast das Ende seiner technologischen Entwicklung erreicht und ist als Softwarebasis nicht zuletzt durch die Beschränkungen der PC-Architektur mehr als ausgereizt. Für die Zukunft von Windows konzentriert sich Microsoft jetzt logischerweise darauf, sein System genauso wie UNIX hardwareunabhängig zu machen.

## 2.2.3 UNIX

UNIX blieb im Unterschied zu DOS auch Jahre nach seiner Entstehung ein Betriebssystem von Programmierern für Programmierer. Die frühen Versionen besaßen noch nicht einmal Zugriffsrechte für Dateien, was auch nicht notwendig war, da sich die Benutzer sowieso untereinander kannten. Es galt die Maxime, daß alles so klar, einfach und effizient wie möglich ausgelegt sein sollte. So lassen sich beispielsweise Ein-/Ausgabegeräte wie Dateien ansprechen und die mitunter kritisierte Kürze der Kommandonamen geht auf die Idee zurück, unnötigen Tippaufwand bei der Eingabe zu sparen.
Aber obwohl bei UNIX auch heute noch die ehemalige Personalunion von Programmierern und Anwendern hier und da durchschimmert, wirkt sich das zukunftsweisende Design des Systems für den Benutzer positiv aus. Während DOS nach den Vorgaben entstand, möglichst gut auf eine Maschine der damaligen Zeit zu passen und eine rasche Übernahme bestehender Programme zu ermöglichen — was aus wirtschaftlichen Gründen durchaus richtig war — wurde UNIX nach wesentlich abstrakteren Grundsätzen entworfen. Die bereits beim Dateikonzept angesprochene Einheitlichkeit ist beispielsweise bei der Systemschnittstelle so realisiert, daß man diese vom Mechanismus her nicht von beliebigen Funktionsaufrufen unterscheiden kann. Allgemein läßt sich feststellen, daß sich ein „zeitgenössisches" UNIX zwar um vieles komplexer darstellt als seine Vorläuferversionen, im Vergleich zu den Interna von MS-Windows oder erst recht zu heutigen Großrechnerbetriebssystemen aber immer noch relativ verständlich ist.

Das Fehlen einer kommerziellen Verankerung auch viele Jahre nach der Erst-
implementation gestattete darüber hinaus großzügige Änderungen, da selbst
spürbare Inkompatibilitäten (z.B. die Notwendigkeit, bei einem Versionswech-
sel alle Anwendungsprogramme zumindest neu zu übersetzen) keinen großen
wirtschaftlichen Schaden anrichten konnten.
Erst nachdem auch im Mikrocomputerbereich eine adäquate Rechenleistung zur
Verfügung stand und die Workstationpreise ihr früheres, elitäres Niveau verlassen hatten, konnte sich das technisch mittlerweile gereifte UNIX auf breiterer
Front etablieren. Dank des flexiblen Designs war die Anpassung auf verschieden-
artige Hardwareplattformen kein unüberwindliches Problem. In dem Maße, wie
die Systeme um graphische Oberflächen und Hilfsprogramme zur komfortablen
Verwaltung und Einbindung in vorhandene Rechnerwelten erweitert wurden,
nahm die programmiertechnische Komplexität allerdings zu.

Da die kommerzielle Verbreitung von UNIX glücklicherweise der Popula-
rität im universitären Bereich nichts anhaben konnte, blieb sein offener und
innovativer Charakter erhalten. Dies zeigt sich beispielsweise am Erfolg des
vom Massachusets Institute of Technology entwickelten X-Window-Systems,
das mittlerweile fast allen graphischen Benutzerschnittstellen zugrundeliegt und
dessen sich auch zahlreiche, ebenfalls in Quellform verfügbare Hilfsprogramme
bedienen. Der Vorgang, daß ein zunächst eher locker in Umlauf gebrachtes Pa-
ket von Quellcode weltweit aufgegriffen, korrigiert, ausgebaut und schließlich
als allgemein akzeptierter Standard in das System selbst übernommen wird,
hat keine Parallelen in anderen Bereichen der EDV.
X-Windows ist darüber hinaus ein schönes Beispiel dafür, wie sich technologischer Vorsprung selbst tragen kann. Die Fähigkeit, durch weltweite Vernetzung
verschiedenartiger Rechner zwischen vielen Benutzern Ideen und Programme
schnell auszutauschen, beruht auf den in UNIX schon sehr lange vorhandenen Netzwerkfähigkeiten. Da man sich deren Wert bewußt war, entwarf man
X-Windows von vorneherein als netzwerktransparentes System.

Eine tiefergehende Betrachtung der UNIX-Philosophie an dieser Stelle
würde zu viele technische Einzelheiten vorwegnehmen (und dadurch aus dem
Zusammenhang reißen), die besser bei einer Besprechung des Systemkerns
(2.4.2.1) oder des Befehlsvorrats aufgehoben sind.
Am Ende dieser Betrachtungen kann man sagen, daß UNIX mittlerweile seine
wilden Jahre hinter sich, aber nach wie vor so viel Schwung hat, daß es sich an
der technologischen Spitze behaupten und dadurch auch im Anwendungsbereich
erfolgreich bleiben wird.

## 2.3 UNIX-Standards

### 2.3.1 Einleitung

Fast so lange, wie verschiedene Spielarten von UNIX auf dem Markt sind, gibt
es auch Versuche, deren Gemeinsamkeiten definitiv festzuschreiben und dadurch

mit der Zeit zu vergrößern. Den Aufwand, der hierbei getrieben werden muß, kann man als den Preis für die ansonsten vorteilhafte Offenheit und Flexibilität von UNIX ansehen. Wenn man in die Entwicklung eines Betriebssystems die Energien von mehr als einer einzigen Firma einfließen lassen will, geht das nun einmal nicht ohne ein gewisses Maß an Koordination.

Wie das Wort „Markt" im vorausgehenden Abschnitt bereits suggeriert, war und ist das Hauptziel der typischerweise von Kommittees erarbeiteten Standards, die Kosten für die Anpassung von Anwendungssoftware an die verschiedenen Plattformen möglichst gering zu halten. Die Mitglieder in den angesprochenen Gremien sind dementsprechend in erster Linie Hard- und Softwarehersteller, Universitäten spielen in diesem Umfeld keine so bedeutende Rolle. Dies erklärt sich aus der Tatsache, daß hier im wesentlichen existierende Technologie genormt werden soll, was erst mittelbar zu einer Beeinflussung zukünftiger Innovationen führt. Da eine Festschreibung des eigenen Systems als eine auch von der Konkurrenz zu befolgende Norm einen erheblichen wirtschaftlichen Vorteil für den „Sieger" darstellt, sind sowohl interne als auch gremienübergreifende Auseinandersetzungen keine Seltenheit. Darüber hinaus richtet sich der Einfluß eines Mitglieds in einem Normungsgremium in manchen Fällen nicht nur nach seiner technischen Kompetenz und ggf. seinen Installationszahlen, sondern auch nach der Höhe der Mitgliedsbeiträge bzw. Spenden, die bei Universitäten typischerweise deutlich geringer sind.

Diese Ausführungen — insbesondere das dabei zum Ausdruck gebrachte Vorhandensein mehrerer Standards — klingen freilich erschreckender, als sich die Sachlage darstellt. Sofern verschiedene Standards nicht ohnehin unterschiedliche Aspekte abdecken, sind die Schnittmengen groß, da neuere Papiere bereits bestehende nicht einfach ignorieren konnten. Für die konkreten Gemeinsamkeiten der auf dem Markt befindlichen Systeme gilt dies sogar in noch gesteigertem Maße, da deren Hersteller selbstverständlich an einem möglichst umfangreichen Softwareangebot interessiert sind und schon allein deshalb auf Portabilität achten. Typischerweise hinkt also der Inhalt der verabschiedeten Papiere dem Stand der Dinge ein wenig hinterher.

### 2.3.2 POSIX

POSIX (Portable Operating System Interface) wird von der Arbeitsgruppe 1003 des *IEEE*[1] getragen und ist eigentlich eine Sammelbezeichnung, die eine Reihe von Standards für unterschiedliche Bereiche eines Betriebssystems beinhaltet. Diesen ist gemeinsam, daß sie das System in erster Linie vom Standpunkt des Anwendungsentwicklers aus betrachten, d.h. die betreffenden Papiere spezifizieren gewisse Minimalanforderungen an die Systemschnittstelle und den Satz der vorhandenen Entwicklungswerkzeuge. In der folgenden Zusammenstellung der wichtigsten POSIX-Komponenten sind bereits verabschiedete mit •, beschlußfähige mit ○ und noch in Planung befindliche mit · gekennzeichnet:

---

[1]Institute of Electrical and Electronics Engineers

- *POSIX.1* schreibt eine Mindestmenge von Systemaufrufen fest, z.B. die Möglichkeit, Pipes zu benutzen.

- *POSIX.2* fordert das Vorhandensein bestimmter Entwickungswerkzeuge und Fähigkeiten der Shell. So gehört etwa der `vi`-Editor zum Umfang von *POSIX.2*.

- *POSIX.3* beschreibt eine Testsuite, anhand derer die POSIX-Konformität eines Betriebssystems überprüft werden kann.

- *POSIX.4* definiert eine Menge von Eigenschaften bzw. von entsprechenden Diensten, die für die Echtzeitfähigkeit eines Betriebssystems erforderlich sind.

- *POSIX.6* befaßt sich mit Fragen der Systemsicherheit.

- *POSIX.7* zielt auf eine Vereinheitlichung der Systemverwaltung ab.

- *POSIX.5* und *POSIX.9:* Die in *POSIX.1* definierten Vorschriften hinsichtlich der Systemschnittstelle betreffen strenggenommen nur C-Programme. Die vorgenannten Papiere decken auch die Anbindung an **ADA**- und **FORTRAN**-Programme ab.

POSIX ist mitunter der Kritik ausgesetzt, eigentlich zu klein bzw. nicht aktuell genug zu sein und damit gerade bei der Neuentwicklung anspruchsvoller (z.B. verteilter) Applikationen die gewünschte Portabilitätsgarantie nicht bieten zu können. Dies ist einerseits nicht ganz von der Hand zu weisen, andererseits wurde es so auch für manche Nicht-UNIX-Systeme (z.B. VMS von DEC) möglich, wenigstens die POSIX.1-Norm zu erfüllen, d.h. dem C-Programmierer einen einheitlichen Funktionensatz anbieten zu können. Daß so etwas überhaupt machbar ist, geht auf die Gleichbehandlung von System- und Bibliotheksaufrufen unter UNIX zurück: Selbst wenn proprietäre Betriebssysteme ein abweichendes Spektrum von Systemdiensten mit eigenen Übergabemechanismen anbieten, kann man diesen Sachverhalt hinter einer einheitlichen Fassade von Bibliotheksaufrufen verstecken. Praktische Erfahrungen zeigen allerdings, daß diese „Simulation" einer UNIX-Systemschnittstelle in manchen Fällen mit einem spürbaren Overhead verbunden ist. Bei der Programmierung performancekritischer Applikationen sollte man dies berücksichtigen.

Die Aktivitäten im Echtzeitbereich können zu einer deutlichen Bereicherung des UNIX-Funktionsumfangs führen, da bisher nur einige Derivate Realzeitfähigkeiten aufweisen. Wenn die sonst im UNIX-Bereich übliche Portabilität auch hier sichergestellt werden kann, könnte UNIX die Nachfolge der spezialisierten Betriebssysteme antreten, die bislang den Prozeßrechnermarkt dominieren.

Eine leichte Verschärfung des POSIX-Standards stellt die sog. FIPS-Norm 151 (**Federal Information Processing Systems**) dar. Durch eine Vorschrift der US-Regierung, für Staatsaufträge nur FIPS 151-konforme Systeme zuzulassen, wird die Bedeutung von POSIX untermauert.

### 2.3.3 X/Open

Die 1984 gegründete X/Open-Initiative geht ursprünglich auf eine Vereinigung der Firmen Bull, IBM, Siemens, Olivetti und Nixdorf („*Bison*") zurück. Mittlerweile gehören ihr ca. 20 Hard- und Softwarehersteller an, darunter neben AT&T auch DEC, HP und SUN sowie die OSF (siehe Abschnitt 2.3.5). Die Anforderungen an die Systemschnittstelle und die Hilfsprogramme enthalten weitestgehend die einschlägigen Vorschriften von POSIX, gehen aber in etlichen Punkten darüber hinaus. Dies liegt nicht zuletzt daran, daß X/Open im Unterschied zur amerikanischen Abstammung von POSIX eine europäische Gründung ist. Der Standard deckt deshalb auch Mechanismen für die Unterstützung landessprachlicher Besonderheiten (z.B. Datumsformat oder alphabetische Einordnung von Umlauten) ab. Dieser Tatsache kommt vor allem deshalb große Bedeutung zu, weil auch einige Jahre nach dem Beginn der kommerziellen Verbreitung von UNIX viele der enthaltenen Dienstprogramme nur mit dem lediglich 7 Bit (=128 Zeichen) umfassenden Standard-ASCII umgehen konnten. Die Forderungen der X/Open trugen somit entscheidend dazu bei, diesen Nachteil gegenüber DOS-PCs zu beseitigen und wurden deshalb ihrerseits wieder von der IEEE bei der Fortschreibung von POSIX berücksichtigt.

Der verabschiedete Umfang von X/Open enthält aber auch Themen, die von POSIX überhaupt nicht berührt werden. Die sieben Bände des mittlerweile in der dritten Version vorliegenden *X/Open Portability Guides* (XPG3) bestehen jeweils aus einem Glossar und nachfolgenden Beschreibungen von Bibliotheksfunktionen bzw. Kommandos. Diese sehen ähnlich wie ein typisches UNIX-Manual aus, sind jedoch etwas ausführlicher und präziser abgefaßt. Im einzelnen gehen die Bände auf folgende Bereiche ein:

1. *XSI*[2] *Commands and Utilities:* Beschreibt praktisch alle gebräuchlichen UNIX-Befehle, wobei zwischen allgemein erforderlichen Kommandos und Entwicklungswerkzeugen unterschieden wird, so daß auch sog. „Runtime-Systeme" formal XPG3-konform sein können.

2. *XSI System Interfaces and Headers:* Normt i.w. die Bibliotheksfunktionen (Systemschnittstelle und Hilfsroutinen) für den C-Programmierer (`libc.a`). Die früher verbindlich vorgeschriebenen Prozeduren für Operationen an der Paßwortdatei wurden wieder herausgenommen, um Konflikte mit den erhöhten Anforderungen von C2- und B1-Systemen (siehe Glossar: *Orange Book*) zu vermeiden.

3. *XSI Supplementary Definitions:* Zerfällt in drei Teile:

    (a) *Internationalisierung:* Dieser (wohl wichtigste) Abschnitt schreibt neben einem 8-bit-Zeichensatz (z.Z. einzig ISO-8859 Latin 1) Mechanismen vor, landessprachliche Sonderzeichen an den richtigen Stellen

---

[2]X/Open System Interface

ins Alphabet einzusortieren.[3] Außerdem wird ein Satz von Umgebungsvariablen definiert, mit denen man die verwendete Sprache und weitere Besonderheiten (z.B. Währungsnamen) einstellen kann. Bedauerlicherweise macht die geltende Norm noch keinerlei Aussagen zu Mehrbytezeichensätzen (MBCS), wie sie für asiatische Sprachen gebraucht werden.

(b) *Curses:* Die beschriebene Bibliothek von C-Funktionen stellt eine geräteunabhängige Schnittstelle bereit, um auf Textterminals Zeichenattribute, Cursorsteuerung und Fenstertechnik verwenden zu können. Farbe und Symbole für Liniengrafik etc. sind in dieser Version allerdings noch nicht enthalten.

(c) *Quellcodeaustausch:* Definiert portable Formate für die Befehle `tar` und `cpio`. Die ebenfalls enthaltenen Normen für $5\frac{1}{4}$-Zoll DD-Disketten (360k) und für 9-Spur-Bänder muten dagegen etwas anachronistisch an.

4. *Programming Languages:* Dieser Teil enthält neben ANSI C auch eine Norm für COBOL.

5. *Data Management:* Definiert, was eine Bibliothek für ISAM mindestens leisten muß. Weitere Abschnitte widmen sich der Datenbanksprache SQL, für die i.w. die ANSI-Norm X3.155-1986 gefordert wird. XPG3 weicht bei komplizierteren Features aber z.T. davon ab, um so dem Verhalten real existierender Datenbanken näherzukommen. Sowohl für ISAM als auch für SQL werden Schnittstellen zu C und COBOL beschrieben.

6. *Window Management:* Dieser Band beinhaltet i.w. die Festlegungen des *MIT X-Consortiums* bzgl. des sog. X-Protokolls, der Xlib sowie der Farben, Fonts und Ressourcenverwaltung. Dieser Teilstandard betrifft allerdings mit X11R2 eine mittlerweile veraltete X-Version und normiert nur deren unterste Ebenen, die aus Sicht eines Applikationsprogrammierers quasi auf Assemblerniveau liegen.

7. *Networking Services:* Wegen der Komplexität des Themas gibt es auch in diesem Band mehrere Teile, nämlich:

(a) *XTI (X/Open Transport Interface):* Legt fest, welche Dienste ein sog. „Transport Provider" bereitstellen muß. XPG3 orientiert sich dabei zwar primär an den OSI-Protokollschichten, ist aber so gehalten, daß auch die in der UNIX-Welt wesentlich populäreren Verfahren TCP und UDP herangezogen werden können. Diverse Anhänge befassen sich mit Details unter Berücksichtigung des jeweils verwendeten Protokolls.

---

[3]Ansonsten würden z.B. bei einer Bereichsangabe wie „A–Z" die Umlaute fehlen.

(b) *PC Interworking:* Soll die Einbindung von MS-DOS-Rechnern in UNIX-Netze vereinheitlichen. Dieser Teil gleicht bisher eher einer Absichtserklärung. Immerhin werden die Minimalfähigkeiten eines Terminalemulators (z.B. Cursorpositionierung) beschrieben.

(c) *Interoperation on Asynchronous Links:* Auch dieser Teil, der sich mit Verbindungen über RS232 bzw. Modems sowie ISDN und X.28 befaßt, ist noch nicht abgeschlossen. Derzeit wird lediglich ein `terminfo`-Eintrag für ANSI-Terminals und dessen Vorhandensein vorgeschrieben, außerdem muß ein XPG3-konformes System einen Filetransfer nach dem Kermit-Protokoll beherrschen.

Ähnlich wie POSIX sieht sich auch X/Open der Kritik ausgesetzt, in der Hauptsache nur eine organisch gewachsene Quasi-Norm festzuschreiben. Dem steht entgegen, daß sich das 1988 als Warenzeichen(!) eingeführte *XPG3*, d.h. die Konformität mit der dritten Version des angesprochenen *X/Open Portability Guides* als begehrtes „Gütesiegel" für UNIX-Systeme erwiesen hat. Dies zeigt im übrigen, daß es sinnvoll sein kann, einen Standard gerade bei Streitfragen bis zu einem gewissen Grade von Marktkräften mitgestalten zu lassen. Wird wie beispielsweise bei den OSI-Netzwerkprotokollen versucht, Konflikte durch gleichermaßen verpflichtende Aufnahme konkurrierender Vorschläge zu umgehen, geraten die daraus resultierenden Vorgaben meist sehr komplex, so daß sie nur mit hohem wirtschaftlichen Aufwand zu implementieren sind.

### 2.3.4 ANSI C

Wegen der existentiellen Bindung zwischen UNIX und C können Standardisierungsbemühungen für das Betriebssystem die ihm zugrundeliegende Programmiersprache natürlich nicht außer acht lassen. Da der von *Brian Kernighan* und *Dennis Ritchie* geprägte „Ur-Dialekt" (sog. **K&R-C**) kaum in der Lage war, Unsauberkeiten beim Umgang mit verschiedenen Datentypen festzustellen, wurde beim **American National Standards Institute**[4] eine Arbeitsgruppe ins Leben gerufen, die C um ein Konzept zur Typprüfung erweitern sollte.

Weiterer Handlungsbedarf bestand darüber hinaus bei den Bibliotheken. Im Unterschied beispielsweise zu **Pascal** enthält C als Sprache keine Konstrukte zur Ein- und Ausgabe. Solche Operationen werden — ebenso wie Manipulationen von Zeichenketten — über Bibliotheksfunktionen abgewickelt. Da diese praktisch genauso wichtig sind wie die Elemente der Sprache C selbst, wurden sie ebenfalls in der ANSI-Norm berücksichtigt. Zu Überschneidungen etwa mit POSIX kommt es hierbei nicht: ANSI deckt die Bereiche *formatierte Ausgabe*, *Stringfunktionen* und *Signalbehandlung* ab, während sich POSIX beispielsweise um Datei- und Prozeßverwaltung „auf höherer Ebene" kümmert.

Die ANSI-Norm für C (genaue Bezeichnung: X3.159-1989) wurde Ende 1989 beschlossen und auch von der ISO (International Standards Organisation) als

---

[4]ANSI ist eine Non-Profit-Organisation von Herstellern und Anwendern verschiedenster Technologien.

ISO/IEC 9899:1990 übernommen. Naturgemäß ist ANSI C noch weniger auf UNIX fixiert als eine POSIX-konforme Systemschnittstelle. Mittlerweile gibt es ANSI C-Compiler für fast jedes Betriebssystem.

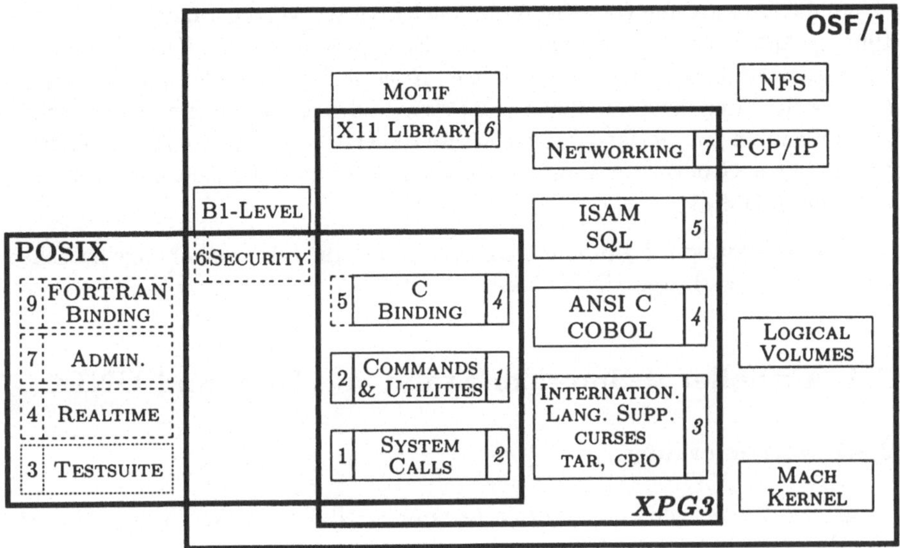


**Abbildung 2.2:** *Die Relationen zwischen den wichtigsten UNIX-Standards*

### 2.3.5 OSF

Die OSF *Open Software Foundation* ist eigentlich kein Standardisierungsgremium wie POSIX oder X/Open. Vielmehr wurde die Gesellschaft 1988 von Apollo, Bull, DEC, HP, IBM, Nixdorf und Siemens als Gegengewicht zu SUN und AT&T gegründet, da sich SUN wegen seiner bedeutenden Rolle als Workstationhersteller zunehmend bei AT&T engagierte. Auf dem Weg zum erklärten Ziel, ein von AT&T-Rechten freies UNIX-System (OSF/1) zu schaffen und dafür selbst die Lizenzgebühren einzunehmen, entwickelten sich jedoch einige der beteiligten Technologien zu mittlerweile weithin anerkannten Standards.

Die bisher größte Breitenwirkung erzielte die OSF dabei mit dem auf X-Windows basierenden **Motif**. Dabei handelt es sich um eine Sammlung von Objekten und Programmierwerkzeugen, mit denen sich ein Programm mit einer optisch ansprechend gestalteten Oberfläche versehen läßt, die hinsichtlich Aussehen und Bedienung eng an Microsoft Windows bzw. den Presentation Manager von OS/2 angelehnt ist. Obwohl die Programmierung anfangs durch Qualitätsprobleme erschwert wurde, konnte sich **Motif** mittlerweile auf allen Nicht-SUN-Systemen etablieren und wird auch für letztere alternativ angeboten. **Motif** erwies sich sogar als portabel genug für den Einsatz unter VMS.

Zunehmende Beachtung findet auch das *Distributed Computing Environment* DCE, das erstmals eine herstellerunabhängige Möglichkeit darstellt, Aufgaben in einem Netzwerk auf verschiedene Rechner (die nicht einmal alle unter UNIX laufen müssen) zu verteilen.

In die Entwicklung von OSF/1, das nach diversen Verzögerungen seit Anfang 1993 erhältlich ist, läßt die OSF neben Eigenprodukten das Know-How ihrer Mitglieder einfließen, die auf einen sog. *Request for Technoloy (RFT)* mit einer Beschreibung ihres jeweiligen Vorschlags und einer Beispielimplementierung antworten müssen. So fand beispielsweise die erstmals in IBMs AIX realisierte Methode zur Größenänderung von Dateisystemen ohne Betriebsunterbrechung Eingang in OSF/1.

Die Abbildung 2.2 gibt einen Überblick über die Zusammenhänge zwischen den derzeit wichtigsten UNIX-Standards.

## 2.4  Aktueller technischer Stand von DOS und UNIX

### 2.4.1  Vorbemerkung

In groben Zügen geht das heutige technische Niveau beider Systeme bereits aus den jeweils letzten Passagen ihrer Geschichtsbeschreibungen hervor. Daher bilden die folgenden Abschnitte eine detailliertere Gegenüberstellung der wichtigsten Fähigkeiten heutiger DOS- und UNIX-Systeme sowie einiger, u.U. problematischer Folgen davon für den Anwender.

### 2.4.2  Hardwarebasis und untere Systemschichten

#### 2.4.2.1  Systemkern

Dem zuvor angesprochenen Designziel der Hardwareunabhängigkeit von UNIX kann man angesichts der Vielzahl von unter diesem System laufenden Maschinentypen vollen Erfolg bescheinigen. Typischerweise waren es gerade UNIX-Workstations, die es als erste erlaubten, das Potential eines neuen Prozessortyps voll auszuschöpfen oder aber — wie bei den Low-End-Modellen zahlreicher namhafter Anbieter — mit kostengünstig konstruierten Geräten vergleichsweise viel Leistung zu niedrigem Preis anzubieten. Das saubere Design von UNIX, das die hardwareabhängigen von den höheren, anwendungsbezogenen Schichten trennt, eröffnet innerhalb einer Prozessorfamilie (z.B. SPARC, RS/6000 oder Alpha) sogar die unter DOS so geschätzte Möglichkeit, ein einmal erworbenes Programm ohne Umtausch durch den Hersteller der betreffenden Software auf einer leistungsfähigeren Maschine weiterzuverwenden.

Im Unterschied zu UNIX ist DOS auf die Prozessoren der Intel 80x86-Reihe und sogar auf eine spezielle Maschinenarchitektur fixiert. Obwohl es beim Bussystem mit dem Mikrokanal und der EISA-Norm bereits zwei Versuche gegeben hat, wenigstens den engsten Flaschenhals zu erweitern, konnten sich beide

Lösungen — hauptsächlich aus Preisgründen — nicht auf breiter Front durchsetzen. In letzter Zeit erhalten sie darüber hinaus verstärkt Konkurrenz durch billige, aber z.T. noch herstellerspezifische Ansätze, den 32 Bit breiten Bus des bereits seit Jahren auf dem Markt befindlichen 80386-Prozessors und seiner Nachfolger nicht nur für den Hauptspeicher, sondern auch für Peripheriegeräte auszunutzen.

An dieser Stelle wird man sich die Frage stellen, warum bei DOS-Rechnern spürbare Fortschritte hinsichtlich des Hardwaredesigns entweder unmöglich oder mit vergleichsweise großen Anstrengungen verbunden sind. Ein Betriebssystem hat doch eigentlich die Aufgabe, eine von der Hardware abstrahierte Schicht von Diensten für die Anwendungsprogramme zur Verfügung zu stellen. In der Tat leisten dies sowohl DOS als auch UNIX — der Haken bei DOS ist, daß Anwendungsprogrammierer zwar diesen „Dienstweg" einschlagen können, es aber infolge mangelhafter Schutzmechanismen nicht müssen (vgl. dazu Abb. 2.3). Die schon bald nach Entstehung des PCs als zu gering empfundene Performance der Maschine stellte somit eine unwiderstehliche Versuchung dar, durch Direktprogrammierung von Bausteinregistern etc. Zeit zu gewinnen. Da das eigentlich für die Bedienung der Hardware zuständige, im ROM untergebrachte *BIOS* (Basic Input/Output System) sehr allgemein gehalten und dementsprechend langsam war, ließen sich speziell bei der Bildschirmausgabe sensationelle Verbesserungen herausholen. Da mit den Jahren immer mehr unterschiedliche Grafikkarten auf dem Markt erschienen, kam es zu einem Rückfall in Probleme der CP/M-Zeit: Die Anwendungsprogramme mußten Code für jeden halbwegs gängigen Typ von Hardware bereithalten. Erst mit dem großen Erfolg von Windows 3.0 — also mit der Beseitigung dieses Mißstands durch Schaffung einer UNIX-ähnlichen Situation — konnten sich sowohl die Karten- als auch die Softwareproduzenten wieder auf jeweils eine einzige definierte Programmierschnittstelle konzentrieren.

Es gibt jedoch nach wie vor extrem viele Programme, die bei signifikanten Änderungen der PC-Architektur nicht mehr laufen würden. Bereits die im Vergleich zu einem UNIX-Server auf Intel-Basis moderaten Veränderungen, die IBM bei der Einführung der PS/2-Serie gegenüber den bisherigen PCs vornahm, führten anfangs zu spürbaren Inkompatibilitäten und trugen damit erheblich zur verhaltenen Akzeptanz dieser Maschinen bei.

Die mangelhaften Schutzvorrichtungen für Ein-/Ausgabegeräte und Hauptspeicher vereinfachten andererseits den Umgang mit spezieller Hardware wie Meßwerterfassungs- oder Prozeßsteuerungskarten. Programme aus diesem Bereich sehen unter UNIX deutlich komplizierter aus, weil sie „ihre" Hardware ebenfalls über die aus Gründen der Einheitlichkeit relativ feste Treiberschnittstelle ansprechen müssen.

Der Aufwand für den Umgang mit Graphikkarten hält sich dagegen mittlerweile die Waage. Aufgrund der dominanten Stellung von Windows 3.x im PC-Bereich werden für neue Videoadapter aber vorrangig die Windows-Treiber programmiert, so daß die jeweils modernsten Karten dieser Art unter UNIX zumindest nicht in vollem Umfang nutzbar sind.

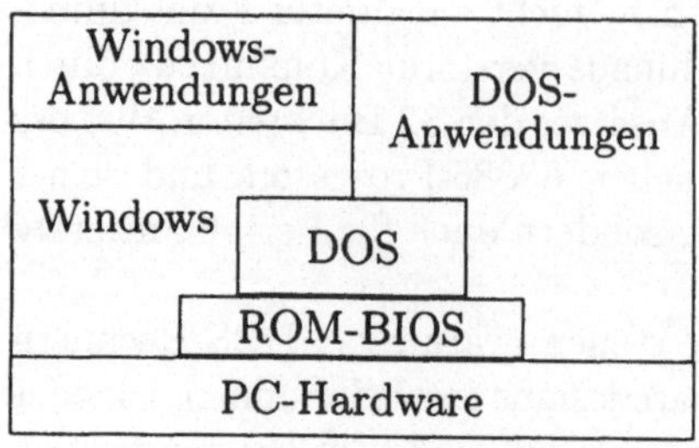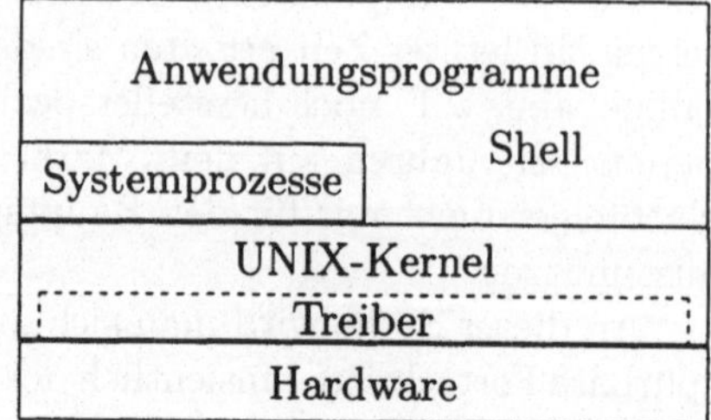

**Abbildung 2.3:** *Aufbauschema von DOS & Windows verglichen mit dem von UNIX*

Das gravierendste Problem, das durch den vollkommen freien Zugang
von DOS-Programmen auf Hardware und Betriebssystem entsteht, sind allerdings *Viren*. Die Möglichkeit, unter Umgehung von Betriebssystemaufru-
fen auf Hauptspeicher und Festplatte(n) zugreifen zu können, erlaubt nicht
nur die Veränderung praktisch aller gespeicherten Programme und die spätere Zerstörung sämtlicher Datenbestände, sondern gestattet es einem Virus vor
allem, sich je nach Grad seiner programmiertechnischen Raffinesse nahezu per-
fekt zu verbergen. Die bei der (zunächst zerstörungsfreien) Infektion eines Programms zunehmende Länge desselben können viele Viren dadurch unsichtbar
machen, daß sie die Systemaufrufe zur Feststellung der Dateilänge abfangen
und die Angaben so verfälschen, daß der Zustand vor der Infektion vorgegau-
kelt wird.
Die Virenproblematik wird noch dadurch verschärft, daß ein DOS-PC ohne Anschaffung zusätzlicher Hard- oder Software jedem offensteht, der ihn einschaltet.
Abgesehen von dem Risiko, daß Daten gestohlen oder verfälscht werden können,
fehlt es vor allem an Möglichkeiten, die Ausführung potentiell verseuchter Software zu unterbinden.

Virenprobleme dieser Art existieren unter UNIX nicht. Allein durch die
Vielzahl der Hardwareplattformen sind die Verbreitungsmöglichkeiten von typischerweise in Assembler programmierten Viren im DOS-Stil so gering, daß
sich niemand der Mühe unterzieht, so ein Programm zu entwickeln.

Allerdings darf man aus den eben gemachten Äußerungen nicht schließen,
UNIX sei im wesentlichen frei von Sicherheitsrisiken. Diese beginnen allerdings
nicht bereits im Inneren des Systems, sondern werden typischerweise durch man-
gelnde Kenntnisse des Systemverwalters bzw. mangelndes Gefahrenbewußtsein
der Anwender verursacht.

### 2.4.2.2 Prozeßverwaltung

Auf der Systemkernebene gibt es noch einen weiteren gravierenden Unterschied
zwischen DOS und UNIX, nämlich die Behandlung von Prozessen. DOS unterstützt den quasi-gleichzeitigen Ablauf mehrerer Prozesse, das sog. *Multitasking*, praktisch nicht, lediglich das Ausdrucken von Dateien kann im Hintergrund
ablaufen. Zusatzprodukte erlaubten zwar schon Mitte der achtziger Jahre den

Wechsel zwischen mehreren Anwendungsprogrammen, ohne daß diese beendet werden mußten. Infolge der nur auf genau einen aktiven Prozeß zugeschnittenen Architektur von DOS waren die „Weggeschalteten" aber gewissermaßen eingeforen. Mit dem Erscheinen der 80386-CPU entstanden neue Hilfsprogramme dieser Art, die es jetzt gestatteten, mehrere Anwendungen nebeneinander zu betreiben und jeder einen eigenen PC vorzugaukeln. In ähnlicher Weise verfährt auch Windows 3.x mit seinen DOS-Boxen. Der Aufwand, alte Software mit ihren „schlechten Gewohnheiten" (direktes Beschreiben des Bildschirmspeichers und u.U. Direktzugriff auf Schnittstellenbausteine) in einer solchen Umgebung lauffähig zu erhalten, ist allerdings beträchtlich.

Um die Quasi-Parallelität mehrerer Prozesse zu erzeugen, bedienen sich derartige Betriebssystemerweiterungen aber immerhin der gleichen Technik, wie sie auch unter UNIX zu Anwendung kommt, nämlich des sog. *präemptiven Multitaskings*. Die scheinbar gleichzeitige Ausführung von Programmen kommt dabei durch die Vergabe sog. *Zeitscheiben* durch das System zustande, d.h. nachdem ein Programm eine bestimmte Zeit (typischerweise zwischen 30 und 250 Millisekunden) lang rechnen durfte, wird ihm die CPU entzogen und dem nächsten Kandidaten zugeteilt (*Scheduling*).

Bei den frühen Windows-Versionen (vor 3.x) hatte man jedoch den Aufwand für ein solches Verfahren gescheut und deshalb für echte Windows-Applikationen eine einfachere Methode vorgesehen, bei der jedes der beteiligten Programme nach einer ihm angemessen erscheinenden Zeit freiwillig die CPU an das System zurückgibt (*kooperatives Multitasking*). Im Prinzip war damit der Scheduler aus dem System in die Programme verlagert worden, die so konstruiert zu sein hatten, daß sie gelegentlich die Abgabefunktion aufrufen konnten. Aus Kompatibilitätsgründen müssen echte Windows 3.x-Applikationen nach wie vor entsprechend programmiert werden. Präemptives Multitasking erfolgt nur zwischen der Menge aller gestarteten Windows-Programme insgesamt und den einzelnen DOS-Boxen.

### 2.4.2.3 Speicherverwaltung

Eigentlich sollte ein Paragraph wie dieser beim Vergleich von Betriebssystemen nicht vorkommen, da Arbeitsspeicher im Normalfall eine Menge von durchnumerierten Zellen aus je 16, 32 oder neuerdings auch 64 Bit darstellt, die einem Programm beim Laden bzw. bei späteren Anforderungen zugeteilt wird. Dieser zugegebenermaßen lapidaren Feststellung bedarf es jedoch, weil der unter DOS mittlerweile herrschende Speicherwirrwarr aufgrund der großen Verbreitung des Systems als Normalfall empfunden wird, *was er aber nicht ist*. Die bereits in Abschnitt 2.1.1 erwähnte Entscheidung zugunsten eines Mikroprozessors mit segmentiertem Adreßraum führte schon bald nach der Einführung des PCs zu unnötig kompliziertem Programmcode, weil das bei anderen CPU-Typen übliche Verfahren, mit Speicheradressen wie mit normalen ganzzahligen Werten zu rechnen, nur innerhalb von 64k-Blöcken bzw. Segmenten möglich war. Als wesentlich problematischer erwies sich jedoch die Entscheidung, die für Systemerweiterungen wie bessere Grafikkarten etc. reservierten Bereiche an das Ende

des 1 MByte umfassenden Adreßraums der 8086-CPU zu legen. Dadurch wurde
es auch beim Wechsel auf den 80286 mit seinen 16 MByte nicht möglich, den
Arbeitsspeicher einfach „nach oben hinaus" zu erweitern, er blieb auf die 640k
begrenzt, die man einstmals für ausreichend erachtet hatte.

Probleme mit der Speichervergabe kennt UNIX nicht. Allenfalls bei PC-
basierten Systemen kann der Hauptspeicherausbau bei Verwendung „traditio-
neller" Hauptplatinen aus hardwaretechnischen Gründen auf 16 MByte begrenzt sein. Typische UNIX-Workstations arbeiten heute mit 32–64 MByte,
die meisten Servermaschinen lassen sich problemlos auf 512 MByte oder mehr
erweitern. Der für ein Programm theoretisch verfügbare (selbstverständlich
nicht-segmentierte) Adreßraum liegt typischerweise bei 4 GByte. Eine Spei-
cheranforderung wird mit einem einzigen Systemaufruf erledigt.

Unter DOS existieren historisch bedingt mittlerweile (mindestens) vier
„Arten" von Speicher (genauer gesagt: Methoden zur Speicherbeschaffung),
nämlich:

1. *konventioneller DOS-Speicher:* Die unteren 640k, ggf. noch erweitert um
   Blöcke von RAM an Adressen, die eigentlich für Steckkarten bestimmt,
   im jeweils benutzten PC aber zufällig frei sind. Der durch dieses „Lük-
   kenfüllen" gewonnene Bereich heißt auch *High Memory Area)* (HMA).

2. *Expanded Memory:* Eigentlich jenseits der 1MByte-Grenze befindlicher
   Speicher, der durch hardware- oder softwaretechnische Maßnahmen in 16k
   großen Einheiten (max. 4 auf einmal) in den konventionellen Speicher
   eingeblendet werden kann.

3. *Extended Memory:* Ebenfalls jenseits der 1MByte-Marke liegender Speicher, der von Programmen genutzt werden kann, die sich an die entsprechenden Konventionen für Allokierung und Verwendung halten.

4. *Linear Memory:* Speicher, der so einfach wie unter UNIX angesprochen
   werden kann (nur auf 80[345]86-Maschinen). Ein Anwendungsprogramm,
   das den Speicher so nutzen will, muß einen sog. *DOS-Extender* enthalten.
   Darüber hinaus ist der Einsatz eines damit kooperationsfähigen Speicher-
   managers sinnvoll.

Einschlägige Hilfsprogramme zum Speichermanagement erlauben dem Benutzer, den vorhandenen RAM nach Bedarf zwischen *Extended, Expanded* und
*Linear Memory* aufzuteilen bzw. (bedingt) umzuwandeln. Windows 3.x stellt
eigene Allokierungsfunktionen zur Verfügung, die in der Hauptsache nach wie
vor segmentierten Speicher liefern. Die Bereitstellung von *Linear Memory* ist
möglich, aber vor allem bei Windows 3.0 noch spürbar fehlerhaft implementiert.

Für detailliertere Erörterungen der eben erwähnten Methoden, mit denen
man unter DOS zu einem Stück RAM gelangen kann, sei auf die einschlägige
PC-Literatur verwiesen. Eine ausgesprochen bedauerliche Folge dieser überaus
komplizierten Speicherorganisation war und ist jedoch die Bindung program-
miertechnischer Kreativität — ein Umstand, der massiv zum Rückstand von

DOS gegenüber UNIX hinsichtlich Technologie und Performance beigetragen hat. Erschwerend kommt noch hinzu, daß bestimmte Typen von Programmen auf der PC-Architektur gar nicht oder nur mit unakzeptablem Zeitverhalten lauffähig sind. So erfordern die meisten Implementierungen von Inferenzmechanismen einen linearen Adreßraum. Die verhaltene Resonanz, auf die Anwendungen der Expertensystemtechnologie im industriellen Bereich treffen, geht sicherlich auch darauf zurück, daß solche Programme erst mit dem Erscheinen von 80386-basierten DOS-Extendern Ende der achtziger Jahre den Schritt in den damals bereits recht gefestigten PC-Markt tun konnten.

### 2.4.2.4 Verwaltung von Datenträgern und anderer Peripherie

Die Art, wie ein Betriebssystem mit externen Datenträgern umgeht, hängt stark von dem jeweiligen Konzept zur Behandlung peripherer Geräte im allgemeinen ab. Gerätetreiber unter UNIX besitzen dabei eine sehr uniforme Struktur, d.h. die Schnittstelle zwischen dem mit den gerätespezifischen Besonderheiten befaßten Treiber und den „höheren" Teilen des Systemkerns ist auch für unterschiedliche Geräte (z.B. ESDI- oder SCSI-Platten, z.T. auch SCSI-Bandlaufwerke) identisch. Dadurch gibt es je nach der Natur der betreffenden Hardware nur drei Arten von Geräten bzw. Treibern:

**Blockorientierte Geräte (engl.: block devices):**
In diese Kategorie fallen sämtliche externen Datenträger wie Disketten, Wechsel- und Festplatten, WORMs und CD-ROMs, aber auch Magnetbänder vom „klassischen" Neunspurband über Streamer bis zu Laufwerken für Video8- und DAT-Kassetten. Da ihnen gemeinsam ist, daß die Daten auf dem jeweiligen Medium blockweise abgelegt werden, tauscht der UNIX-Kernel mit einem entsprechenden Treiber diese auch blockweise aus und nimmt selbständig ein Caching vor.
Traditionell sind unter UNIX Geräte mit SCSI-Bus am stärksten vertreten und werden dementsprechend am besten unterstützt. PC-UNIX-Varianten verfügen darüber hinaus auch noch über Treiber für die PC-üblichen Plattentypen (ST506 bzw. IDE, RLL, ESDI) und QIC-02-Streamer.
Die UNIX-Architektur kennt keine bedeutenden Beschränkungen hinsichtlich der Kapazität anschließbarer Festplatten oder Bandlaufwerke. Sofern neben der Minimalfunktionalität „nächsten Block lesen/schreiben" auch die Möglichkeit wahlfreier Zugriffe geboten wird, kann UNIX auf einem solchen Gerät ein vollwertiges Dateisystem unterbringen und so z.B. von einem Installationsband booten.

**Zeichenorientierte Geräte (engl.: character devices):**
Periphere Geräte wie Terminals und Drucker, die ihre Daten einzelzeichenweise senden oder empfangen, werden durch diese Art von Treibern bedient. Neben Funktionen zum Lesen und Schreiben eines Zeichens stellen sie zusätzlich eine sog. `ioctl`-Operation zur Verfügung, bei der stärker gerätespezifische Steuerinformation (z.B. Baudrate und Wortbreite für eine serielle Schnittstelle) übergeben werden kann. Da viele Treiber für

blockorientierte Geräte etwas Ähnliches benötigen (z.B. für Aktionen wie „Diskette formatieren" oder „Band zurückspulen"), stellen sie zusätzlich eine zeichenorientierte Schnittstelle zur Verfügung. Lese- und Schreibzugriffe darauf werden intern gepuffert, so daß das Gerät blockweise arbeiten kann.

**Netzwerkgeräte:**

Treiber für Netzwerkhardware werden manchmal in die Kategorie der zeichenorientierten Geräte mit einbezogen, da auf ihnen aufbauend z.B. sog. Pseudoterminals für den Login auf entfernten Rechnern realisiert sind. Solche eigentlich primär in Software realisierten „Geräte" verhalten sich ähnlich wie die für serielle Schnittstellen. Da die Funktionalität von Netzwerktreibern insgesamt aber wesentlich vielschichtiger ist (z.B. Zuordnung der eingehenden Datenpakete zu den Empfängerprozessen), werden sie hier in einer eigenen Kategorie genannt.

Bei DOS wurde im Grunde ein ähnliches Gerätekonzept übernommen, d.h. es existieren ebenfalls zeichen- und blockorientierte Geräte. Erstere lassen sich verhältnismäßg leicht von der Befehlszeile oder von eigenen Programmen aus ansprechen, beispielsweise kann man eine Datei durch schlichtes Kopieren nach LPT1 ausdrucken. Bereits die Unterstützung für die seriellen Schnittstellen läßt aber zu wünschen übrig, so daß praktisch alle Kommunikationsprogramme hier mit Hardware-Direktprogrammierung arbeiten. Für blockorientierte Geräte vermißt man unter DOS allerdings ein Pendant zum **mount**-Befehl von UNIX. Die zur Verwendung des Gerätes erforderliche Software muß sich deswegen nicht nur um das effiziente Lesen und ggf. Schreiben der Datenblöcke kümmern, sondern auch noch in DOS-Interna eingreifen, um nach oben hin ein Dateisystem anzubieten. Dadurch wird die Treibersoftware für CD-ROMs, Wechselplatten o.ä. unnötig voluminös und anfällig gegenüber Programmierfehlern und DOS-Versionswechseln. Die Nutzung von Streamern ist praktisch nur mit Programmen möglich, die vom Durchsuchen der Festplatte nach zu sichernden Dateien bis zur Ansteuerung der Schnittstellenregister alle Operationen in sich vereinigen und zumeist nur ihr eigenes Bandformat verarbeiten können.

Einen gewissen Ausgleich für die DOS-seitig fehlenden Richtlinien zum Umgang mit Massenspeichern bieten inzwischen Standards, die von den am Markt dominierenden Herstellern geschaffen wurden. Für die auch im PC-Bereich immer populärer werdenden SCSI-Geräte ist hier namentlich ASPI von der Firma Adaptec zu nennen, der einen hardwareunabhängigen Funktionensatz zur Ansteuerung verschiedenartiger SCSI-Peripherie schafft und mittlerweile auch von anderen Anbietern implementiert wird.

Eine Lösung wie bei den ASPI-Treibern existiert bei Netzwerkhardware schon geraume Zeit infolge der vorherrschenden Stellung von Netware. Daneben gibt es mit der von Microsoft kreierten Network Driver Interface Specification und den *Packet-Treibern* der Universität Clarkson weitere Möglichkeiten, Hardwareunabhängigkeit zu schaffen.

Das Problem des zusätzlichen Speicherverbrauchs kann solche Software zwar prinzipbedingt nicht lösen, eventuelle Inkompatibilitäten mit einer neuen DOS-Version treten aber nur noch zentral (d.h. einmal) auf. Da manche Hersteller allerdings zu Erweiterungskarten etc. lieber ihre eigene Software verkaufen, als fremde zu unterstützen, fällt die Performance bei Benutzung von Zwischenschichten mitunter im Vergleich geringer aus. Bei UNIX kann bzw. muß sich der programmiertechnische Aufwand auf eine Sorte von Treiber konzentrieren.

### 2.4.3 Dateisystem

Die effiziente Abwicklung des Datentransfers von und zu den Massenspeichern ist erst die „halbe Miete" für den effektiven Umgang mit Dateien. Die gleiche Wichtigkeit kommt der Art und Weise zu, wie die Blöcke auf der Platte zu einem Dateisystem organisiert werden. Während DOS auf der unteren Ebene durchaus vom hardwaretechnischen Fortschritt profitieren konnte und mit SMARTDRIVE mittlerweile auch einen brauchbaren Pufferungsmechanismus besitzt, schlägt beim Dateisystem die ursprünglich rein diskettenbasierte Natur von DOS negativ zu Buche. Die 1980 als ausreichend betrachteten Maximalwerte für die Kapazität von Datenträgern (man war von ca. 20 MByte ausgegangen) werden den heutigen Festplatten im Gigabyte-Bereich nicht mehr gerecht. Die Schwierigkeiten beim Umgang mit großen Platten rühren von einer historischen Beschränkung her, durch die für DOS-Dateien unabhängig vom Fassungsvermögen des Datenträgers maximal 65 519 Verwaltungseinheiten, sog. *Cluster*, zur Verfügung stehen. Da für jede angelegte Datei mindestens eine solche Einheit belegt werden muß, führen viele kleine Dateien auf einer großen Platte zwangsläufig zu schlechter Raumausnutzung, da die Größe der Verwaltungseinheiten mit der Plattenkapazität wachsen muß. Die Abbildung 2.4.3 veranschaulicht die Abspeicherung eines DOS-Files und enthält eine Tabelle mit den jeweiligen Clustergrößen.

Die Unmöglichkeit, bei der Plattenverwaltung ohne drastischen Kompatibilitätsverlust Verbesserungen zu schaffen, zeigt übrigens auch, wie sich Designentscheidungen innerhalb eines Betriebssystems gegenseitig beeinflussen: Mehr als die bisherigen 16 Bit für die Numerierung der Cluster zu verwenden scheitert an dem Mechanismus der Systemaufrufe (siehe auch 2.1.1): Die Daten werden in Prozessorregistern übergeben, deren Belegungsschema nicht mehr geändert werden kann, weil sonst bereits bestehende Software nicht mehr damit zurechtkäme.

Abgesehen von den Allokationsverlusten hat das DOS-Filesystem einen weiteren Nachteil: Sofern eine Größenänderung einer Datei zum Wegfall bisher belegter oder zur Hinzunahme zuvor freier Cluster führt, wird sofort ein Update der FAT vorgenommen. Das bedeutet, daß bei einer Clustergröße von $n$ Sektoren auf $n$ Schreiboperationen für Nutzdaten ein administrativer Schreibzugriff kommt. Da die FAT zudem stets am Anfang des Speichermediums angelegt wird, ergeben sich daraus zwangsläufig viele zeitintensive Positionierungen des Schreib-Lesekopfes.

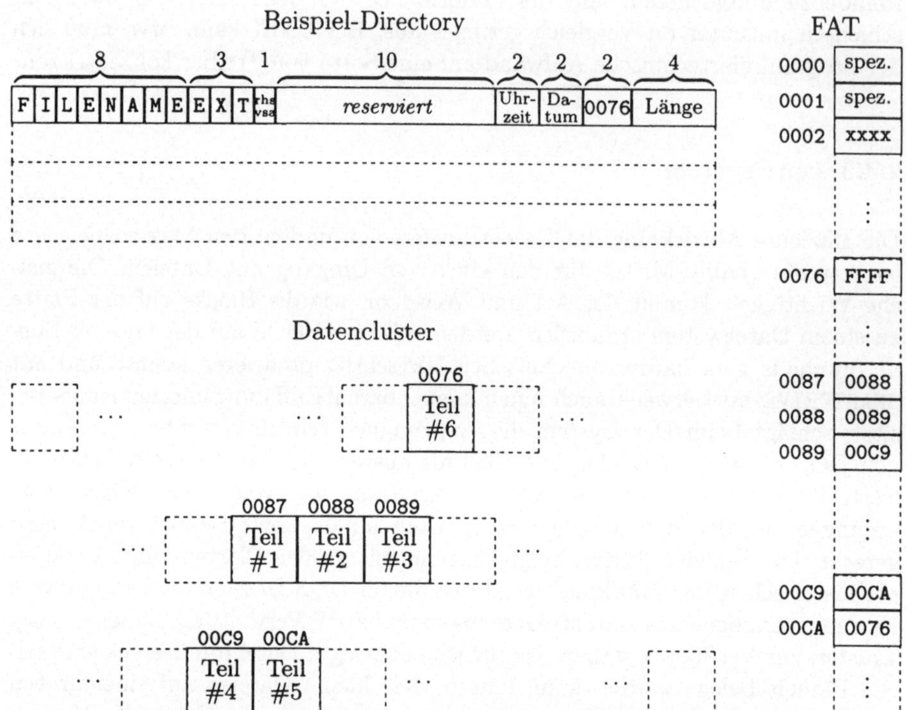


*Die Größe der sechs Cluster umfassenden Beispieldatei aus der obigen Abbildung hängt dabei von der Zahl der 512-Byte-Sektoren pro Cluster und damit von der Kapazität der verwendeten Festplatte ab. Die nachfolgende Tabelle, die auf der Vergabestrategie von MS-DOS 5.0 basiert, stellt den Zusammenhang zwischen den ebengenannten Parametern und den tatsächlich möglichen Dateilängen her:*

| Kapazität | $\frac{Sektoren}{Cluster}$ | Größe min. | Größe max. |
|---|---|---|---|
| $\leq$128 M | 4 | 10241 | 12288 |
| $\leq$256 M | 8 | 20481 | 24576 |
| $\leq$512 M | 16 | 40961 | 49152 |
| $\leq$1 G | 32 | 81921 | 98304 |
| $\leq$2 G | 64 | 163841 | 196608 |

**Abbildung 2.4:** *Speicherung einer Datei im FAT-Filesystem von DOS*

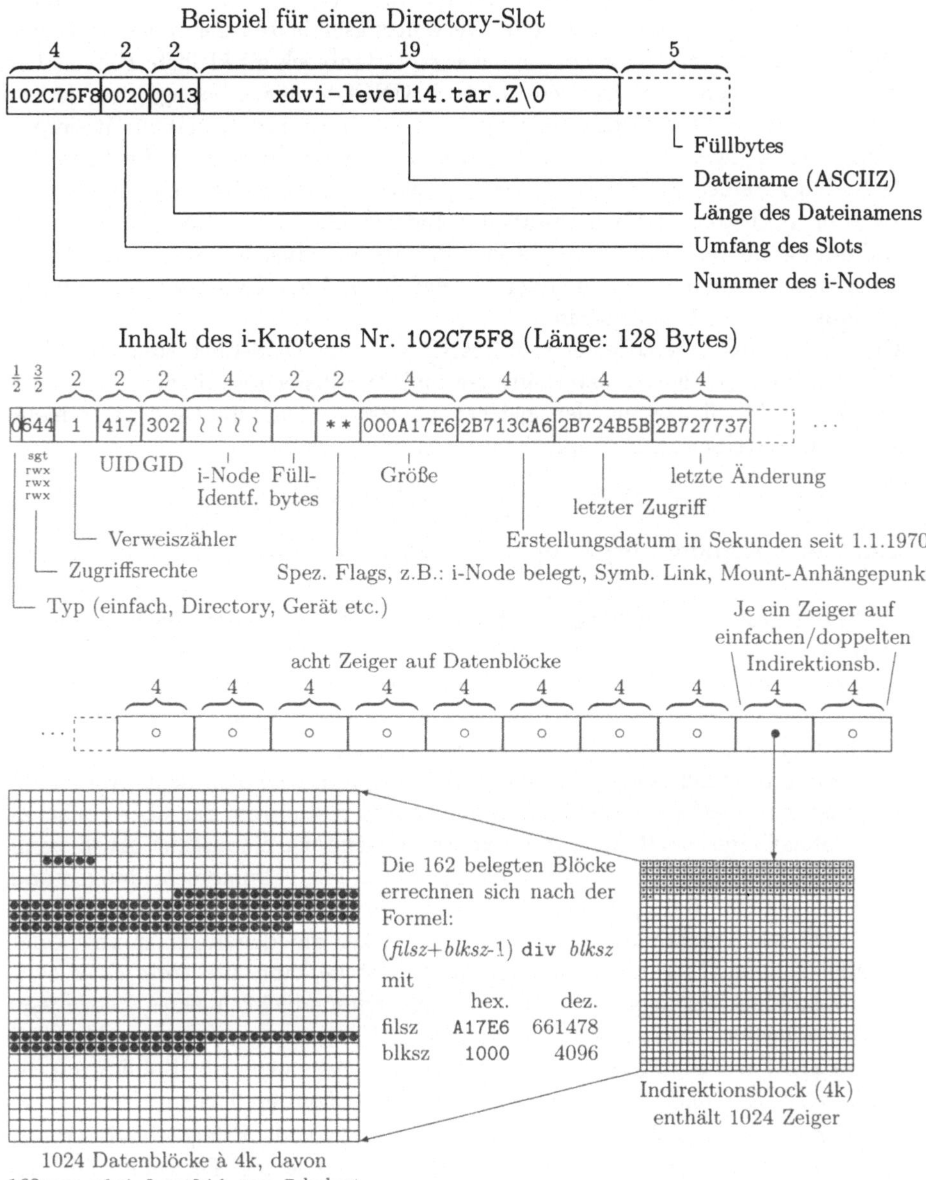



*Die obige Skizze gilt nicht für jedes UNIX-System. Einige Derivate verwenden andere Blockgrößen (0.5–4k), eine abweichende Zeigerzahl und/oder eine dritte Indirektionsstufe sowie die einzelnen Indirektionsstufen nebeneinander. Mitunter werden Kleinstdateien auch direkt im i-Node abgelegt.*

**Abbildung 2.5:** *Speicherung einer Datei im UNIX-Filesystem (Fallbeispiel AIX)*

Das Treiberkonzept von UNIX schirmt Anwendungsprogramme vor dem direkten Umgang mit den „niederen" Verwaltungseinheiten der Massenspeicher ab. Das Dateisystem verwendet einen Festplattenblock als kleinste Einheit bei der Abspeicherung von Dateien. Je nach UNIX-Variante bewegt sich dessen Größe (und damit der maximale Speicherverschnitt pro Datei) in Zweierpotenzschritten zwischen 0.5 und 4 kByte. Die Information über die Lage der Datenblöcke eines Files wird in einer je nach UNIX-Derivat und Dateigröße zwei- bis höchstens dreifach gestaffelten Indexstruktur verwaltet. Wie auch die Abbildung 2.5 verdeutlicht, ergibt sich daraus im wesentlichen ein logarithmischer Zusammenhang zwischen der Dateigröße und der Zahl der erforderlichen administrativen Plattenzugriffe.

Darüber hinaus unterscheidet sich das UNIX- vom DOS-Filesystem natürlich dadurch, daß es Eigentumsverhältnisse und Zugriffsrechte mitspeichert. Auch *Links*, d.h. Möglichkeiten, den gleichen physischen Datenbestand unter mehr als einem Dateinamen anzusprechen, fehlen unter DOS.


### 2.4.4 Kommandointerpreter und externe Befehle

Trotz der großen Bedeutung, die graphische Benutzeroberflächen mittlerweile einnehmen, stellen Befehlsinterpreter gerade für erfahrene Nutzer nach wie vor die effektivste Art des Umgangs mit dem System dar. Insbesondere bei den gelegentlich notwendigen Umordnungs- und Suchvorgängen im Dateibaum sind Maus- und Fensteraktionen typischerweise umständlicher als Kommandoeingaben. Am schwersten wiegt aber die prinzipbedingte Unmöglichkeit, Abläufe in graphischen Oberflächen in einem Maße zu automatisieren, das über einfaches Mitprotokollieren der Maus- und Tastaturverwendung hinausgeht. Auch wenn die Programmierung von Kommandoprozeduren mit Fallunterscheidungen und Schleifen einige Übung voraussetzt, zahlt sich der erforderliche Aufwand oft aus, weil wiederkehrende Alltagsarbeiten stärker auf den Rechner abgewälzt werden können. Eine mächtige Befehlsschnittstelle kann also trotz eines evtl. erhöhten Einarbeitungsaufwands die Benutzerfreundlichkeit eines Betriebssystems verbessern. Eine Kommandosprache mit stark eingeschränkten Möglichkeiten zahlt sich dagegen immer weniger aus — vor allem im Hinblick auf die intuitivere Bedienerführung bei graphischen Benutzeroberflächen.

Vor diesem Hintergrund wird der durchschlagende Erfolg von Microsoft Windows in der DOS-Welt ebenso verständlich wie die Tatsache, daß viele UNIX-Benutzer nach wie vor „ihre" Shell gegenüber diversen Programmen bevorzugen, die unter X11 eine ähnliche Umgebung wie Windows bieten. Der DOS-Befehlsinterpreter stellt sich vor allem deshalb so karg dar, weil er seit den Anfängen nur wenig weiterentwickelt wurde. So ist es beispielsweise bis heute nicht möglich, mit einem einzigen Standardbefehl einen ganzen Dateibaum komplett zu löschen. Auch Eingabeanforderungen durch Kommandoskripten werden erst in der Anfang 1993 angekündigten Version 6 durchführbar sein. Generell fehlt es dem sog. *Batchfilemechanismus* von DOS aber an Sprachkonstrukten

für flexible Fallunterscheidungen sowie an der Möglichkeit, die Ausgabedaten
von Programmen im Batchfile weiterzuverwenden.

Darüber hinaus hat der Befehlsinterpreter von DOS mit architekturbeding-
ten Problemen zu kämpfen. Mangels Speicherschutz kann er selbstverständlich
von jedem anderen Programm — insbesondere von einem Virus — beschädigt
oder auch nur „angezapft" werden. Unter „Anzapfen" ist dabei die von einigen Anwendungsprogrammen geübte Praxis zu verstehen, zur Ausführung von
DOS-Befehlen kein eigenes Unterprogramm zu starten, sondern diese Arbeit
mittels nur wenig dokumentierter Aufrufschnittstellen der bereits geladenen
Kopie des Befehlsprozessors aufzubürden. Jeder Versuch, an der kargen Befehlssprache von DOS nachzubessern, ist aber auf solche Methoden angewiesen
und damit anfällig gegenüber eigentlich internen Änderungen im Rahmen von
Versionswechseln. Der Einsatz von Windows führt hier aus den zuvor genannten
Gründen zu keinen Verbesserungen — durch die Nachbildung mehrerer virtueller PCs in einzelnen Fenstern verkompliziert sich die Lage sogar weiter, weil
die Software dann auch noch auf diesen Fall vorbereitet sein muß. Dies gilt insbesondere dann, wenn sich Befehle auf Dateien und periphere Geräte beziehen.

Die unter UNIX verfügbaren *Shells* stellen verglichen mit DOS gewissermaßen das andere Extrem im Bereich der Befehlsinterpreter dar. Im Rahmen
der Anmerkungen zur Geschichte und Philosophie von UNIX (vgl. die Abschnitte 2.1.2 und 2.2.3) wurde bereits auf den Designgrundsatz von UNIX hinge-
wiesen, durch Kombination überschaubarer Elementarfunktionen zu mächtigen
Lösungen für speziellere Fälle zu gelangen. Die UNIX-Shells (Einzelheiten siehe
3.2) verkörpern dieses Prinzip vielleicht am deutlichsten, da sie einerseits selbst
nach den erwähnten Richtlinien konstruiert sind und andererseits dem Benutzer
Mechanismen bieten, selbst Kommandoskripten nach diesem Schema zu entwer-
fen. Konkreter gesagt ist eine Shell unter UNIX im Grunde ein C-Programm
„wie jedes andere", d.h. sie ist weder fest in das Betriebssystem integriert noch
benötigt sie spezielle Vorkehrungen. Jeder einigermaßen geübte Programmierer,
der die Systemaufrufe von UNIX zur Datei- und Prozeßverwaltung kennt, kann
im Grunde genommen eine Shell schreiben, d.h. ein Programm, das Eingaben in
einer bestimmten Befehlssprache interpretativ in die passenden Elementarfunktionen, d.h. Systemaufrufe umsetzt. In der Tat existieren unter UNIX derzeit
drei standardisierte, kommerziell vertriebene Shells sowie (mindestens) zwei weitere aus dem Bereich der sog. *public software*. Um den Umstieg dazwischen zu
erleichtern, sind die Befehlssprachen einander recht ähnlich bzw. Erweiterungen
älterer Versionen.

Auf Shell-Ebene setzt sich das skizzierte Aufbauschema fort, nur daß es sich
bei den Elementarfunktionen jetzt um die diversen Hilfsprogramme sowie die
von der Shell zu deren Zusammenbau bereitgestellten Mechanismen handelt.
Jedes UNIX-Dienstprogramm liest von einem einheitlichen Eingabedatenstrom
und schreibt auf einen ebenso einheitlichen Ausgabedatenstrom. Bei geeigneter
Verwendung der Systemaufrufe zum Öffnen dieser Datenströme lassen sie sich
so koppeln, daß die Ausgabe eines Programms zur Eingabe für ein nachgeschal-
tetes wird. Die Shell erlaubt nun, ein derartiges Vorhaben mit wenigen Zeichen

auszudrücken, führt dann die Aufrufe passend durch und startet die betreffenden Programme parallel.

Ein großer Teil der Mächtigkeit, die mit diesem Konzept erreicht werden kann,
beruht natürlich auch auf den Fähigkeiten der erwähnten Dienstprogramme.
Neben Sortier-, Such- und Zähloperationen existieren Vergleichsbefehle, die
entweder byte- oder zeilenweise arbeiten und auch dann nicht aus dem Tritt
kommen, wenn sich die betrachteten Datenströme durch Einfügungen unterscheiden. Kombiniert man diese Werkzeuge nun in der zuvor angesprochenen
Weise, stellt man mitunter verblüfft fest, wie sich mit einer einzigen Befehlszeile Informationen beschaffen lassen, für deren Bereitstellung es unter DOS
einiger (zusätzlich zu kaufender) Hilfsprogramme bedurft hätte. Die Literatur
zum Thema „Shellprogrammierung" bietet hier zahlreiche Beispiele.

### 2.4.5 Mehrbenutzerbetrieb und Vernetzung

Daß DOS ein Single-User-Betriebssystem ist, braucht nicht weiter erwähnt zu
werden. Bereits das Dateisystem ist nicht darauf ausgelegt, bei einem File Informationen wie Eigentümer und Zugriffsrechte für andere mitzuspeichern. PC-
Netzwerke beheben diesen Mangel, indem sie für ihre Server eigene Dateisysteme
verwenden und einem angeschlossenen PC erst nach Eingabe von Benutzerkennung und Paßwort die jeweils sichtbaren Daten zugänglich machen. Netzwerksoftware für PCs muß allerdings erst nachträglich zugekauft werden, was den
Preisvorteil einer DOS- gegenüber einer UNIX-Lösung schnell zunichte machen
kann. Darüber hinaus muß u.U. geprüft werden, ob vorhandene Programme
mit dem Netzwerk verträglich sind: Da die erforderlichen Dienstprogramme
anders als bei UNIX nicht von vornherein in das System integriert sind, be-
anspruchen sie einen u.U. erheblichen Teil des knappen Arbeitsspeichers für
sich. Für „Sonderwünsche" wie elektronische Post sind oft noch weitere In-
vestitionen erforderlich. Die Einrichtung benutzerspezifischer Konfigurationen
(z.B. Suchpfade für bestimmte Anwendungsprogramme, automatischer Start
von Programmen oder auch nur Lieblingsfarben auf dem Bildschirm) erfordert
darüber hinaus nicht selten einige Anstrengungen seitens des Systemverwalters.

Ein UNIX-System enthält die ebengenannten Komponenten bereits von sich
aus. In der folgenden Zusammenstellung wird auf die Abschnitte im Praxisteil
verwiesen, die sich näher mit den betreffenden Features beschäftigen:

- Login-Mechanismus (siehe 3.1)

- Mehrbenutzerfähigkeit

- (netzwerkweit einheitliche) Dateizugriffsrechte (siehe 3.3.4)

- individuelle Startup-Skripten für jeden Benutzer (siehe 3.2.6)

- E-Mail

Die flexiblen Vernetzungsmöglichkeiten unter UNIX erlauben es ferner, Programme auf anderen Rechern so auszuführen, daß deren Ein- und Ausgabedaten auf der lokalen Maschine erzeugt bzw. weiterverarbeitet werden können. Derartige Vorhaben erfordern keinen zusätzlichen Programmieraufwand seitens des Benutzers, sondern können wie Programmstarts auf der lokalen Maschine von der Befehlszeile aus durchgeführt werden.

### 2.4.6 Graphische Benutzeroberfläche

Die am Ende des vorausgegangenen Abschnitts angesprochene Netzwerktransparenz gilt unter UNIX auch für die graphische Benutzeroberfläche, d.h. Programmablauf und graphische Interaktion können auf verschiedenen Systemen erfolgen. Diese Fähigkeit besitzt das X-Windows-System vor allem dank seines Schichtenaufbaus, der die Kommunikation zwischen dem Anwendungsprogramm, dem sog. *X-Client*, und dem Anzeigeprozeß (*X-Server*) völlig gegenüber den „höheren" Funktionen abschirmen kann. Letztere können beispielsweise die Charakteristika der Graphikhardware (Auflösung, Farbtiefe etc.) abfragen, ohne dabei einen Unterschied zwischen der eigenen Maschine und einer anderen irgendwo im Netz zu bemerken.

Ein wesentlicher Vorteil der Netzwerktransparenz von X11 ist, daß sie zur flexibleren und damit effektiveren Auslastung der vorhandenen Hardware herangezogen werden. Die Erfahrungen mit den ersten Workstationgenerationen haben gezeigt, daß einerseits die Graphikausgabe möglichst zügig vonstatten gehen muß, andererseits aber genau dadurch auf der gleichen Maschine laufende Rechenprozesse unverhältnismäßig beeinträchtigt werden. Eine Maschine gleicher Leistung, die sich nicht um die Bedienung eines Videoadapters kümmern muß, erreicht bei vergleichbarer Belastung nur mit Rechenprozessen einen besseren Durchsatz. Noch schwerer wiegt das Argument, daß Anwendungssoftware auch in einem heterogenen Netz nicht für jede Systemplattform separat gekauft werden muß, um an allen Arbeitsplätzen zur Verfügung zu stehen. X-Windows entkräftet damit das Argument, die freie Wahl der Hardwareplattformen würde letztlich nur höhere Softwarekosten und vermehrten Installations- und Wartungsaufwand nach sich ziehen.

Ein Nachteil, den die Netzwerkeinbindung von X-Windows und der mehrschichtige Aufbau gegenüber dem rein lokal operierenden Microsoft Windows haben, ist der längere Weg zwischen Anwendungsprogramm und Anzeigehardware. Dies kann zumindest beim Einsatz von OSF/Motif eine geringere Effizienz bedeuten. Bei PC-basierten UNIX-Systemen kommt hinzu, daß neue Graphikkarten — speziell solche mit „Eigenintelligenz" — von den Hardwareherstellern meist nur mit Windows-Treibern ausgeliefert werden. Der UNIX-Anwender muß also einen zeitlichen Rückstand in Kauf nehmen, bis die Anpassung eines X-Servers durch den UNIX-Anbieter erfolgt ist. Im Workstationbereich gibt es dagegen schon seit Jahren Spezialadapter und dafür optimierte X-Server, um den Bedürfnissen graphikintensiver Programme (z.B. CAD) entgegenzukommen. Im Hinblick auf die seit X11R5 eingebaute PEX, d.h. die Unterstützung der Standardbibliothek **PHIGS** für 3D-Graphiken kann man sagen, daß X11 in den oberen Leistungsregionen mehr bietet als Windows. Hinsichtlich der Bedieneroberfläche sind die Kombination X11/Motif und Windows 3.x etwa gleichwertig. Ein Windows-Benutzer wird sich unter Motif wegen der analog gestalteten Fensterverwaltung sehr schnell eingewöhnen können. Mittlerweile stehen darüber hinaus UNIX-Programme zur Verfügung, die ein ähnliche Funktionalität wie die „Desktop-Utilities" von Windows bieten.

### 2.4.7 Unterstützung für Landessprachen

Ein Kritikpunkt an UNIX war lange Zeit die Beschränkung auf den in der amerikanischen Sprachwelt gebräuchlichen ASCII, der in seiner Urform nur 7 Bits ausnutzt, also nur 128 Zeichen festlegt. Die ersten Ansätze zu einer „Europäisierung" konnten vor allem Programmierer, aber auch Anwender nicht befriedigen. Da dabei Zeichen wie [, ] und \, die unter UNIX wichtige Sonderbedeutung (siehe 3.2.2) haben, durch Umlaute ersetzt wurden, wurde die Lesbarkeit von Programmen und Shell-Befehlen stark beeinträchtigt. Erschwerend kam hinzu, daß bei den frühen UNIX-Implementierungen das achte Bit eines Zeichens als für interne Zwecke frei angesehen wurde, was die Umstellung einiger Dienstprogramme erschwerte. Unter dem Druck der XPG3-Norm haben sich aber mittlerweile zumindest alle kommerziell vertriebenen UNIX-Systeme soweit angepaßt, daß die Verwendung nationalsprachlicher Zeichensätze nach IBM-Konvention (Code Pages 437 bzw. 850) oder ISO-Norm 8859 reibungslos klappt und die lästige Umdefinition von Sonderzeichen nicht mehr nötig ist. Einige UNIX-Systeme sind inzwischen auch in Versionen lieferbar, die 16 Bit breite Zeichensätze für fernöstliche Sprachen auch im Zusammenspiel mit X-Windows unterstützen.

Die Verfügbarkeit geeigneter Zeichensätze stellt allerdings nur die Grundvoraussetzung dar, um für Anwendungsprogramme und das System selbst eine andere Dialogsprache als Englisch zu verwenden. Wegen der großen Anzahl der unter UNIX vorhandenen Standardprogramme gestalteten sich die Anpassungsarbeiten auf dieser Ebene entsprechend langwierig. Erschwerend kam hinzu, daß einige Systemprozeduren UNIX-Befehle als Unterprogramme aufrufen und die ausgegebenen Meldungen auswerten. Die Änderungen am System beschränkten sich also nicht auf Tabellen mit Anzeigetexten. In der Anfangszeit boten „eingedeutschte" UNIX-Systeme dem Anwender daher mitunter ein Konglomerat aus Mutter- und Fremdsprache an, das in Fachkreisen unter der Bezeichnung „Denglisch" unrühmlich bekannt ist. Durch den Einsatz objektorientierter Techniken konnten diese Probleme jedoch mittlerweile gelöst werden. Ein weiterer Grund für den hohen Aufwand bei der nationalsprachlichen Anpassung besteht darin, daß UNIX als Mehrbenutzersystem in gewisser Weise polyglott sein muß. Eine voll ausgebaute Landessprachenunterstützung erlaubt es beispielsweise einem Franzosen und einem Deutschen, am gleichen Rechner eingeloggt zu sein und nur durch Umstellen einer Umgebungsvariablen das gleiche Programm zur Erzeugung von Meldungen in der jeweiligen Muttersprache zu veranlassen.

Vor einem Kauf sollte man sich jedoch erkundigen, bis zu welchem
Grade der Hersteller diese Anpassungen vorgenommen hat. Gerade UNIX-
Implementierungen, die ihre Domäne bisher im wissenschaftlichen Bereich
hatten, beschränken sie evtl. darauf, erweiterte Zeichensätze anzubieten, weil
zusätzliche Features nicht benötigt wurden. Wie sich herausgestellt hat, kommen nämlich gerade UNIX-erfahrene Benutzer nach einer Umstellung von Englisch auf Deutsch oft schlechter mit dem System zurecht, weil sie die erwarteten
Meldungen zunächst nicht wiedererkennen.

Da bei DOS und Windows die nationalsprachliche Anpassung zu Zeiten
begonnen wurde, als die Umfänge der Systeme noch sehr klein waren, bieten sie ein etwas einheitlicheres Bild. Dies gilt sowohl für das Betriebssystem
als auch für Dienstprogramme. Allerdings ist die jeweilige Dialogsprache bei
DOS & Windows fest in den Programmcode eingearbeitet, lediglich Einzelheiten wie Datumsformat oder Währungssymbol lassen sich ohne Neuinstallation
einer anderssprachlichen Version verändern. Für die meisten Anwendungsprogramme gilt ähnliches, einige sind jedoch mittlerweile ebenfalls vor jedem Start
umschaltbar.

Für das Gros der Entwicklungswerkzeuge gilt im übrigen, daß sie weder unter DOS noch unter UNIX in die jeweiligen Landessprachen übersetzt worden
sind. Im Hinblick auf die zuvor angesprochene Akzeptanzfrage bei erfahrenen
Benutzern erscheint ein solches Vorgehen aber auch nicht besonders sinnvoll.
Falls eine Maschine zur Softwareentwicklung vorgesehen ist, sollte man jedoch
darauf achten, ein englischsprachiges oder zumindest auf Englisch umschaltba-
res Betriebssystem zu erwerben, weil ansonsten ein schlecht lesbares Sprachen-
durcheinander die Folge ist.

# 3 Einführung in das UNIX-System

Jedes UNIX-System stellt eine Vielzahl von Kommandos zur Verfügung. Die
Ausführung eines Kommandos wird dabei durch zahlreiche Optionen gesteuert. Viele Kommandos sind sogar relativ nutzlos, wenn man die zugehörigen
Optionen und deren Bedeutung nicht kennt. Gerade diesen Aspekt sollte ein
Umsteiger von DOS auf UNIX von Anfang an beachten. Ein Teil dieser Kommandos ist fester Bestandteil jedes Systems, andere sind für bestimmte Derivate
spezifisch. Den UNIX-Neuling kann es verwirren, wenn ein Kommando, das er
zu kennen glaubt, auf einem anderen System nicht wie gewohnt funktioniert.
Deshalb werden in den nächsten Abschnitten nur Kommandos erklärt, die in
allen gängigen UNIX-Systemen enthalten sind. Weicht die Art der Anwendung
eines Kommandos in verschiedenen Systemen voneinander ab, so erfolgt ein
Hinweis darauf.
Da SCO-UNIX das derzeit meistverkaufte UNIX-System für PCs ist, wurden
alle Beispiele auf einem 368er PC mit ODT 2.0 durchgeführt.

An dieser Stelle kann nicht jeder Befehl mit allen Optionen und dem gesamten Funktionsumfang erläutert werden. Dazu steht die Dokumentation des
jeweiligen UNIX-Systems zur Verfügung. Außerdem existiert bereits eine Reihe
ausführlicher UNIX-Bücher (siehe Literaturverzeichnis). Ziel dieses Kapitels ist
vielmehr, wichtige Grundkonzepte darzustellen, die beim Erlernen von UNIX
von besonderem Interesse sind:

- Wie kann man mit einem UNIX-System arbeiten?

- Was sind Dateien und wie ist das Dateisystem aufgebaut?

- Wie können Prozesse verwaltet werden?

- Was muß man über die Verwaltung des Systems wissen?

## 3.1  An- und Abmelden vom System

Jeder, der einen DOS-Rechner einschaltet, kann sofort damit arbeiten. Bei einem
UNIX-System ist dies nicht mehr so einfach. Damit arbeiten kann nur derjenige,
der eine registrierte Benutzerkennung auf dem System hat. Diese Kennung ver-
gibt in der Regel der Systemverwalter (siehe 3.7.3), der damit auch alle Rechte
des Benutzers auf dem System festlegt. Da Benutzerkennungen nicht geheim
sind, muß als Schutz vor unberechtigten Zugriffen zusätzlich die Eingabe eines
Paßwortes festgelegt werden. Dieses Paßwort kann der Benutzer selbst wählen,
allerdings müssen die eingestellten Restriktionen hierzu beachtet werden (z.B.
sollte ein Paßwort nicht nur aus Buchstaben bestehen).

### Anmelden an das System

Nach Hochfahren eines UNIX-Systems im Mehrbenutzerbetrieb erscheint auf
allen angeschlossenen Terminals und auf der Systemkonsole die Aufforderung
zum Anmelden mit einem Benutzernamen. Nach Eingabe des Benutzernamens
wird das zugehörige Paßwort abgefragt, wobei das Paßwort bei der Eingabe aus
Sicherheitsgründen nicht sichtbar ist.
Folgendes Beispiel dokumentiert den gesamten Anmeldevorgang des Benutzers
„max":

```
login: max
Password:
Last    successful login for max: Fri Jan 29 08:16:58 NFT 1993 on ttyp0
Last unsuccessful login for max: Fri Jan 29 08:05:17 NFT 1993 on ttyp0
SCO UNIX System V/386 Release 3.2
Copyright (C) 1976-1989 UNIX System Laboratories, Inc.
Copyright (C) 1980-1989 Microsoft Corporation
Copyright (C) 1983-1992 The Santa Cruz Operation, Inc.
All Rights Reserved
scoverw


           Welcome to SCO UNIX System V/386 Release 3.2

                          From

              The Santa Cruz Operation, Inc.


you have mail
```

Eingaben, die das System nicht kennt, werden mit einer pauschalen Fehlermeldung

```
login incorrect
```

quittiert, danach wird erneut der Benutzername abgefragt.

Aus dieser Fehlermeldung ist (um das Leben von „Hackern" oder sonstigen neugierigen Menschen zu erschweren) nicht ersichtlich, ob die Angabe des Benutzernamens oder des Paßwortes falsch war. Einige UNIX-Systeme wie SCO bieten zusätzlichen Schutz vor dem Anmelden Unberechtigter. So kann z.B. festgelegt werden, daß nach drei vergeblichen Anmeldeversuchen die Kennung (falls vorhanden) gesperrt wird.

Nach erfolgreicher Anmeldung am System können zunächst typische Systemmeldungen, wie zum Beispiel die *message of the day*, erscheinen. Dazu wird der Inhalt der Datei `/etc/motd` auf dem Terminal ausgegeben.

Die Bereitschaft des Systems, Kommandos entgegenzunehmen, beginnt mit dem Erscheinen des ersten Prompt-Zeichens. Abhängig von der ausgeführten Shell (dazu näheres 3.2) kann dies eines der folgenden Zeichen sein:

$\quad$ \$ $\quad$ (Bourne-Shell, Korn-Shell)
$\quad$ % $\quad$ (C-Shell)
$\quad$ # $\quad$ (für root, Bourne-Shell und C-Shell)

Dieser Prompt kann vom Benutzer verändert werden (siehe 3.2.4).


### Ändern des Paßwortes

Das Paßwort stellt das wichtigste Mittel dar, Unberechtigten den Zugang zum System und zu den eigenen Daten zu verwehren. Deshalb sollte das Paßwort geheimgehalten und in regelmäßigen Zeitabständen geändert werden. Viele Benutzer wählen ihr Paßwort nach bekannten Kriterien aus. Zu diesen Kriterien zählen die Namen von Familienmitgliedern, Freunden, Filmfiguren oder ähnliches. Derartige Paßwörter können erraten oder von Programmen, die Paßwörter „knacken", herausgefunden werden. Deshalb sollte man sein Paßwort möglichst unter Beachtung folgender Gesichtspunkte wählen:

- Das Paßwort sollte mindestens aus 6 Zeichen bestehen.

- Neben den Zeichen des Alphabets sollten auch Ziffern oder Sonderzeichen verwendet werden.

- Keine bekannten Begriffe, wie zum Beispiel „Superman" wählen.


Das Paßwort kann mit dem Kommando *passwd* verändert werden. Ein Beispiel ist in der folgenden Darstellung zu sehen.

```
# passwd
Setting password for user: max
Last    successful password change for max: Mon Jan 18 15:29:24 1993
Last unsuccessful password change for max: Wed Dec  9 13:22:24 1992

              Choose password

You can choose whether you pick a password,
or have the system create one for you.

      1. Pick a password
      2. Pronounceable password will be generated for you

Enter choice (default is 1): 1
Please enter new password:

New password:
Re-enter password:
```

## Abmelden vom System

Sobald der Arbeitsplatz längere Zeit verlassen wird, sollte man sich grundsätzlich vom System abmelden. Die Kommandos hierzu lauten je nach verwendeter Shell unterschiedlich:

> *exit*     (Bourne-Shell)
> *logout*   (C-Shell,Korn-Shell)

Jede Shell kann auch mit der Tastenkombination

$$\boxed{\text{CTRL-D}}$$

verlassen werden, allerdings läßt sich diese Möglichkeit sperren. Mehrfache Eingabe von *exit* bewirkt aber in jedem Fall, daß das System verlassen wird.

## 3.2 Wissenswertes zur Shell

Unter UNIX kommuniziert der Benutzer nicht direkt mit dem Betriebssystemkern, sondern mit einer zwischengelagerten Schicht, der sogenannten Shell. Übersetzt bedeutet Shell Muschel oder Schale, die Namensgebung erfolgte dabei aufgrund der Vorstellung, daß sich die Shell wie eine Schale um den Betriebssystemkern legt. Damit realisiert die Shell eine Schnittstelle zwischen Benutzer und eigentlichem Betriebssystem (vgl. Abbildung 2.3).

Eine wichtige Aufgabe der Shell besteht aus der Entgegennahme und Verarbeitung von Kommandos. Die Shell liest eine eingegebene Zeile und führt die darin enthaltenen Kommandos aus. Kommandos können entweder Standard- oder Anwenderprogramme sein, interaktiv eingegeben oder aus einer Datei gelesen werden. Solche Kommandodateien werden als Shell-Scripts bezeichnet. Benutzer können durch Erzeugung von Shell-Scripts eigene, parametrisierte Kommandos definieren.

Die meisten Standardkommandos liegen als kompilierte C-Programme oder als Shell-Scripts unter den Verzeichnissen /bin und /usr/bin, einige (die sogenannten internen Befehle) sind in der Shell selbst implementiert.

Neben ihrer Funktion als Kommandointerpreter kann die Shell als Programmiersprache angesehen werden. Als Kommandos sind auch Kontrollstrukturen wie Schleifen und bedingte Anweisungen vorhanden. Zusätzlich stehen Variablen zur Verfügung, die mit Zeichenketten besetzt werden können.

Da die Shell selbst nur ein Anwenderprogramm ist, kann sie leicht ausgetauscht werden. Diese Tatsache führte dazu, daß mehrere Shells für verschiedene Anforderungen entwickelt wurden.
Folgende Shells werden in der Praxis am häufigsten verwendet:

**Bourne**
> Die Bourne-Shell wurde in den Bell Labaratories von *Steve Bourne* entwikkelt und ist seit Version 7 im Einsatz. Sie wird als Standard UNIX-Shell bezeichnet, da sie auf allen UNIX-Systemen verfügbar ist.

**C**
> Die C-Shell stammt aus Berkeley und wurde von *Bill Joy* geschrieben, um C-Programmierer zu unterstützen. Bereitgestellt wird diese Shell in den BSD-Systemen, von AT&T auch in System V/386 Release 3.2 und in System V Release 4. Diese Shell bietet auch Funktionen, die in der Bourne-Shell nicht zur Verfügung stehen. Beispiele dafür sind die *alias-Funktion* zur Umbennung komplexer Kommandofolgen in einfachere Befehle, der *History-Mechanismus* und die *Auftragskontrolle (job-control)*. Die Auftragskontrolle erlaubt, Prozesse asynchron zu unterbrechen und sie vom Hintergrund in den Vordergrund und umgekehrt zu schicken.

**Korn**
> Diese Shell wurde von ihrem Namensvater *David Korn* geschaffen und ist

im wesentlichen eine Weiterentwicklung der Bourne-Shell. Obwohl diese Shell auf fast allen modernen UNIX-Systemen zu finden ist, ist sie nicht so stark verbreitet wie die beiden anderen. Der Grund dafür ist, daß sie erst ab System V Release 4 kostenlos erhältlich ist. Sie kombiniert die Syntax der Bourne-Shell mit Funktionen wie job-control von der C-Shell und stellt darüber hinaus eine Reihe weiterer Funktionen zur Verfügung. Zum Beispiel wird durch die Möglichkeit, *Kommandos* mit vi-Befehlen zurückzuholen und zu *editieren*, die Schreibarbeit bei der Befehlseingabe erheblich reduziert.

Eine kurze Übersicht über diese Shells wird in Tabelle 3.1 gegeben.

| Shell-Bez. | Dateiname | Aufruf | Prompt | Startup-Datei |
|---|---|---|---|---|
| Bourne | /bin/sh | sh | $ | .profile |
| C | /bin/csh | csh | % | .login, .cshrc |
| KORN | /bin/ksh | ksh | $ | .profile |

**Tabelle 3.1:** *Die wichtigsten UNIX-Shells*

Mit welcher Shell ein Benutzer arbeiten will, ist letztendlich Geschmackssache. Es empfiehlt sich aber, eine Shell zu erlernen, die auf jedem der Rechner, auf dem man arbeiten will, verfügbar ist.

Auch in DOS gibt es eine Shell, allerdings wird dieser Begriff in der DOS-Terminologie nicht sehr oft verwendet. Der Funktionsumfang der Standard-Shell `COMMAND.COM` ist jedoch deutlich geringer als der einer UNIX-Shell. Im Vergleich zur UNIX-Shell sind die meisten grundlegenden Kommandos (z.B. `COPY`, `RENAME`) als interne Befehle realisiert, d.h. in `COMMAND.COM` eingebaut.

In den nächsten Abschnitten werden wichtige Begriffe und Mechanismen am Beispiel der Korn-Shell vorgestellt.

### 3.2.1 Kommandosyntax und Verarbeitung

Ein wesentlicher Unterschied zu DOS betrifft die Schreibweise von Kommandos und Dateinamen, da UNIX zwischen Groß- und Kleinschreibung unterscheidet. Zum Beispiel wird *cd* als Kommando interpretiert, aber *Cd* liefert eine Fehlermeldung:

```
$ cd ..
$ Cd ..
Cd: not found
```

Ein einzelnes Kommando besteht, ähnlich wie in DOS, aus einer Aneinanderreihung von Worten, die durch Zwischenräume voneinander getrennt werden müssen. Zwischenräume sind Leerzeichen (blanks) oder Tabulatorzeichen (tabs). Die allgemeine Form eines Kommandos sieht dabei wie folgt aus:

```
          Kommando  Optionen  Argumente
z.B.:     ls        -la       /home/max
```

Das Beispiel veranlaßt das Auflisten aller Dateien im angegebenen Verzeichnis. Das erste Wort ist der Name des Kommandos, alle weiteren (falls vorhanden) werden als Optionen und Argumente interpretiert. Die Shell durchsucht zunächst die absolut angegebenen und die im Suchpfad (Shellvariable PATH, vgl. 3.2.4) enthaltenen Verzeichnisse, um das auszuführende Programm zu finden. Endet die Suche erfolgreich, wird der Rest der gelesenen Zeile diesem Programm übergeben und die entsprechende Systemfunktion von der Shell aufgerufen. Falls für die Ausführung des Programmes erforderlich, verlangt die Shell die Eingabe weiterer Informationen. Erscheint das Prompt-Zeichen, so kann das nächste Kommando eingegeben werden.

Die Shell bietet auch Möglichkeiten, mehrere Kommandos in einer Zeile zu verknüpfen. Zum einen werden mit einem ; voneinander getrennte Kommandos nacheinander abgearbeitet. Das folgende Beispiel zeigt, wie zwei Kommandozeilen zu einer zusammengefaßt werden.

```
$ pwd
/home/max
$ date
Mo Feb 22 08:35:41 CET 1993
$ pwd;date
/home/max
Mo Feb 22 08:35:41 CET 1993
```

Zum anderen kann die Ausführung eines Kommandos abhängig vom Erfolg eines zuvor ausgeführten sein:

Komm1 && Komm2    Komm2 wird ausgeführt, wenn Komm1 fehlerfrei beendet wurde.

Komm1 || Komm2    Falls die Ausführung von Komm1 nicht erfolgreich war, wird Komm2 gestartet.

In Abschnitt 3.2.3 wird eine weitere Möglichkeit zur Verknüpfung von Kommandos ausführlicher erläutert:

Komm1 | Komm2    Die Ausgabe von Komm1 wird zur Eingabe von Komm2.

UNIX bietet etwa 150 Kommandos an. Ausführlich erklärt sind diese Kommandos meist in den Benutzerhandbüchern zu den jeweiligen Systemen. Diese Dokumentation ist auch als Online-Hilfe auf dem Terminal mit dem Kommando *man* (Abk. für **man**ual) verfügbar. Als Argument wird der Name des Kommandos übergeben, dessen Beschreibung nachgelesen werden soll. Für die Beschreibung eines Kommandos wird ein Standardformat verwendet, es folgt die Erklärung der wichtigsten Komponenten:

*NAME:*     Name des Kommandos mit allgemeiner Erklärung seiner Funktion.

*SYNOPSIS:*     Alle zugehörigen Optionen und mögliche Argumente werden entsprechend ihrer Eingabereihenfolge angezeigt.

*FILES:*     Zu der Ausführung des Kommandos werden die hier angegebenen Dateien benötigt.

*SEE ALSO:*     Listet weitere zu dem Thema gehörende Kommandos auf.

### 3.2.2 Verwendung von Metazeichen

Jede Shell stellt eine Reihe von Zeichen mit besonderer Bedeutung zur Verfügung. Diese Sonderzeichen werden auch als sogenannte **Metazeichen** bezeichnet. Benötigt werden sie zur Angabe von Mustern für die Expandierung von Dateinamen, zur Verkettung und Substitution von Kommandos sowie zum Ausschalten der Bedeutung eines Sonderzeichens.
Gemäß ihrer Funktion werden manche Metazeichen auch Shellsteuerungszeichen bzw. *Wildcards* genannt. Häufig verwendete und in allen drei Shells verfügbare Shellsteuerungszeichen werden im folgenden erklärt.


### „Abkürzung" von Dateinamen

Dateinamen werden oft als Argumente für Kommandos benötigt. Um lange Dateinamen nicht vollständig angeben zu müssen oder mehrere Dateien, die einen ähnlich Namen besitzen, abkürzend zusammenzufassen, benützt man die bereits erwähnten *Wildcards*.
Zu beachten ist hierbei, daß die im folgenden beschriebenen Wildcards keine Dateinamen generieren, die mit „." beginnen:

*****

Ein „*" steht für eine (auch leere) Folge von beliebigen Zeichen. Der Befehl *rm *.old* löscht beispielsweise alle Dateien mit der Endung .old.

**?**

Dient als Ersatz für genau ein beliebiges Zeichen. Dies ist beispielsweise nützlich, wenn man Dateinamen wie `brief1.txt`, `brief2.txt` und `brief3.txt` zusammenfassen will. Möchte man diese Dateien in ein Verzeichnis `sicherung` kopieren, so könnte der entsprechende Kopierbefehl *cp brief?.txt sicherung* lauten.

**[ ]**

Eine in diesen Klammern eingeschlossene Zeichenfolge bedeutet „ein beliebiges dieser Zeichen". Als Abkürzung können auch Bereichsangaben wie *a-z*, *A-Z* oder *1-9* angegeben werden. Das nachfolgende Beispiel verdeutlicht die Verwendung dieser Metazeichen. Alle Dateien, deren Dateiname die Ziffer 1, 2 oder 3 enthält, werden mit dem `ls`-Kommando auf dem Bilschirm ausgegeben (siehe 3.3.3).

```
$ ls *[123]*
brief1.txt
brief2.txt
brief3.new
brief3.txt
```

Im Gegensatz zu DOS läuft bei UNIX der Substitutionsmechanismus einheitlich auf Shell-Ebene ab, während unter DOS jedes Programm die Expansion von Parametern selbst durchführen muß. Deshalb ist die Verwendung dieser Metazeichen bei DOS auch nicht bei allen Programmen gleich.

### Ausschalten der Bedeutung von Sonderzeichen

In den letzten zwei Abschnitten wurde die Bedeutung von einigen Metazeichen beschrieben. Damit diese Metazeichen auch mit ihrer ursprünglichen Bedeutung in Zeichenketten wie Dateinamen verwendet werden können, sind folgende Möglichkeiten vorgesehen:

*Zeichen*

Jedes Zeichen, dem ein „\\" (*Backslash*, zu deutsch: *Rückwärtsschrägstrich*) vorausgeht, wird als gewöhnliches Zeichen interpretiert. Dies gilt insbesondere für die Dateinamen-Metazeichen und den Backslash selbst, wie das folgende Beispiel (C-Shell Syntax) zeigt. Das Kommando *echo* gibt seine Argumente aus, und eignet sich daher gut zum Experimentieren mit der Bedeutung von Sonderzeichen (siehe auch 3.6).

```
$ echo \*\*\*
***
$ echo \\
\
$ echo \$LOGNAME
$LOGNAME
$
```

*'Zeichenkette'*

Anstatt in einer Zeichenkette, die viele Metazeichen enthält, jedes Sonderzeichen einzeln zu maskieren, kann die besondere Bedeutung jedes Zeichens in der Zeichenkette *Zeichenkette* mit Hilfe der einfachen Anführungszeichen ausgeschaltet werden. Außerdem lassen sich auf diese Weise Leerzeichen in ein Befehlsargument einbauen. Das obige Beispiel (C-Shell Syntax) sieht mit ' ' folgendermaßen aus:

```
$ echo '***'
***
$ echo '\'
\
$ echo '$LOGNAME hat Geburtstag.'
$LOGNAME hat Geburtstag.
$
```

*"Zeichenkette"*

Alle Sonderzeichen außer $, \ und ' ' verlieren ihre besondere Bedeutung. " " wirken also „schwächer" als ' ', dienen aber ebenfalls dazu, Zeichenketten mit eingebetteten Leerzeichen zu erzeugen. Das nachfolgende Beispiel (C-Shell Syntax) verdeutlicht den Unterschied:

```
$ echo "***"
***
$ echo "$LOGNAME hat Geburtstag."
max hat Geburtstag.
$ mail -s "$LOGNAME hat Geburtstag." all <feier.mail
$
```

## 3.2.3 Standardein- und -ausgabe

Jedes Programm, das unter UNIX gestartet wird, öffnet automatisch drei Dateien für die Ein- und Ausgabe:

| | | |
|---|---|---|
| 0 | Standardeingabe | `stdin` |
| 1 | Standardausgabe | `stdout` |
| 2 | Standardfehlerausgabe | `stderr` |

Jede Datei wird zusätzlich mit einer Zahl (Dateideskriptor) bezeichnet. Standardeingabe ist normalerweise die Tastatur, der Bildschirm normalerweise das Ausgabemedium für die anderen zwei Dateien. Diese Voreinstellungen können aber durch Ein- bzw. Ausgabeumleitung geändert werden. Dazu stehen die Symbole <, > und >> zur Verfügung, diese werden wie folgt verwendet:

| | |
|---|---|
| *< Dateiname* | Die Eingabe wird anstatt über die Tastatur aus der bezeichneten Datei gelesen. |
| *> Dateiname* | Die Standardausgabe wird in die Datei *Dateiname* gelenkt. |
| *>> Dateiname* | Entspricht der Verwendung von >, allerdings wird die Ausgabe an das Ende der Datei *Dateiname* angehängt. |
| *1 > Dateiname* | Die Standardausgabe (1) bzw. Fehlerausgabe (2) wird |
| *2 > Dateiname* | in die Datei geschrieben bzw. mit dem Symbol >> an das |
| *1 >> Dateiname* | Dateiende angehängt (diese Art der Umleitung existiert |
| *2 >> Dateiname* | nicht in der C-Shell). |

Will man sich zum Beispiel die Manual-Seite zum *ls* Befehl nicht am Bildschirm, sondern auf Papier durchlesen, so lenkt man die Ausgabe in eine Datei, die anschließend ausgedruckt werden kann:

```
$ man ls > ls.man
```

Eine weitere Möglichkeit zur Umlenkung, die allerdings nur die Standardausgabe betrifft, ist die sogenannte *Pipe*. Der Pipe-Mechanismus verbindet Kommandos; die Ausgabe des aktuellen Kommandos wird zur Eingabe des nachfolgenden. Damit steht dem Anwender auf Shell-Ebene ein Mittel zur Verfügung, Daten zwischen Prozessen in eine Richtung zu übertragen. Das Symbol für die Pipe ist |. Ein typisches Beispiel für die Verknüpfung zweier Programme mit einer Pipe ist der Befehl

```
$ ls -al | more
```

Das Programm *ls* gibt die ausgegebenen Daten weiter an das Programm *more*. Das Ergebnis dieser Operation ist die seitenweise Anzeige der Daten auf dem Bildschirm. Der *ls*-Befehl „weiß" dabei nichts von der darauffolgenden Pipe, d.h. er selbst trifft keine Vorkehrungen für die Weitergabe. Im Unterschied zu den sog. Pipes unter DOS läuft der *more*-Befehl dabei echt parallel, d.h. es wird keine Zwischendatei für die Ausgabe von *ls* angelegt. Das Pipe-Konzept von UNIX stellt ein sehr mächtiges Werkzeug dar, da durch den Zusammenbau überschaubarer Einzelprogramme auch komplizierte Aufgaben bewältigt werden können.

### 3.2.4 Shellvariablen

Die Shell kennt zwei verschiedene Typen von Variablen: **Positionsvariablen** und sonstige **Shellvariablen**.

Positionsvariablen bezeichnen die an ein Shell-Script übergebenen Argumente. Dazu werden den Argumenten gemäß der Reihenfolge ihrer Angabe die

Ziffern 1–9 als Variablennamen zugeordnet. Die Variable 0 ist für den Kommandonamen reserviert. Auf den Wert einer Variable kann durch ein vorangestelltes $ zugegriffen werden. Zum Beispiel spricht *$0* den Programmnamen und *$1* das erste Argument an.

Die „sonstigen" Shellvariablen werden wiederum in vom Benutzer frei wählbare und von der Shell vordefinierte unterteilt.

Für Variablen, die der Benutzer selbst definieren kann, gelten die jeweiligen Regeln für Variablennamen. In der Regel fängt ein Variablenname mit einem Buchstaben an, die restlichen Zeichen können Buchstaben, Ziffern und einige Sonderzeichen sein. Frei wählbare Variablen werden hauptsächlich in der Shellprogrammierung eingesetzt.

Ein paar der vordefinierten Variablen, wie z.B. USER, erhalten ihren Wert automatisch von der Shell. USER enthält den Anmeldenamen des Benutzers. Anderen vordefinierten Variablen können Werte durch den Benutzer oder von der Shell zugewiesen werden. Die wichtigsten davon sind:

**PATH**

Suchpfad, der die Namen der Verzeichnisse enthält, die von der Shell der Reihe nach durchsucht werden, um das entsprechende Programm zu einem Kommando zu finden. Von der Shell wird diese Variable mit dem Standardpfad des jeweiligen Systems (mindestens `/bin:usr/bin`) besetzt.

**HOME**

Enthält den absoluten Pfadnamen des Verzeichnisses, in dem sich der Benutzer nach dem Anmelden befindet.

**prompt**

Diese Variable definiert (nur) in der C-Shell das Aussehen des Prompts.

**PS1**

Analog wird in der Bourne-Shell bzw. Korn-Shell das Prompt-Zeichen mit dieser Variablen festgelegt.

**TERM**

Mit Setzen dieser Variablen wird der Terminaltyp spezifiziert. Im allgemeinen wird das System die Typen der angeschlossenen Sichtgeräte kennen und daher selbst richtig einstellen. Bei falscher Systemkonfiguration muß man das ggf. noch von Hand korrigieren, etwa mit folgender Anweisung:

```
$ TERM=vt220 export TERM   # bei Bourne- oder Korn-Shell bzw.

% setenv TERM vt220        # bei der C-Shell.
```

## Zuweisen von Variablenwerten

Die Syntax der Zuweisung von Variablenwerten unterscheidet sich bei den einzelnen Shells. Abhängig vom gewünschten Gültigkeitsbereich einer Variablen stellen die Shells zwei Definitionsarten zur Verfügung:

## lokale Variablen

```
$ variable=wert       # Bourne- Korn-Shell
% set variable=wert   # C-Shell
```

Variablen, die so definiert werden, sind nur der gerade benutzten Shell bekannt. Externe Befehle, die von der Shell aufgerufen werden, kennen diese Variablen nicht mehr. Aufgrund dieser Eigenschaft werden solche Variablen vor allem als Hilfsvariablen eingesetzt.

## globale Variablen

```
$ VARIABLE=wert export VARIABLE    # Bourne/Korn-Shell
% setenv VARIABLE wert             # C-Shell
```

Mit *setenv* gesetzte bzw. *export*ierte Variablen enthalten meistens Werte, die man Anwenderprogrammen übergeben möchte.

## Abfrage von Variablenwerten

Der Zugriff auf den Wert einer Variable erfolgt durch ein vorangestelltes $.
Zum Beispiel substituiert die Shell bei der Zuweisung *PS1='$PWD>'* zuerst die Variable *PWD* durch ihren Wert und weist dann das Ergebnis der Variablen *PS1* zu. Das Kommando *env* dient unter anderem dazu, die aktuellen Werte der exportierten Umgebungsvariablen anzuzeigen. Mit dem Kommando *set* wird die gesamte Variablenbelegung der aktuellen Shell ausgegeben.

Das nachfolgende Beispiel zeigt typische Variablen und ihre Verwendung.

```
$ echo $HOME
/home/max
$ echo $PATH
:/bin:/usr/bin:/home/max/bin:.:/usr/local/share
$ PS1='$PWD> '
/home/max> env
_=/bin/env
PATH=:/bin:/usr/bin:/home/max/bin:.:/usr/local/share
LOGNAME=max
MAIL=/usr/spool/mail/max
HOME=/home/max
TERM=ansi
PWD=/home/max
TZ=NFT-1NFT,M4.5,M9.5
$
```

### 3.2.5 Erzeugen von Shell-Scripts

Für den Fall, daß man eigene Shell-Scripts schreiben möchte, sollte man zwei
Dinge beachten. Zum einen muß das Shell-Script in einem der Verzeichnisse
stehen, die in dem Suchpfad PATH angegeben sind. Zum anderen benötigt die
Datei eine Ausführungsberechtigung. Diese gibt man ihr zum Beispiel mit

$$chmod\ \text{+x}\ meinscript.$$

Dabei bezeichnet *meinscript* den Namen des neuen Shell-Scripts.

### 3.2.6 Zusammenhang Shell - Login

Prinzipiell kann nach dem Anmelden an ein UNIX-System ein beliebiges Programm als erstes ausgeführt werden. Welches Programm ausgeführt wird, ist
in der /etc/passwd für jeden Benutzer eingetragen. Normalerweise wird zuerst
eine Shell gestartet.
Wie schon erwähnt, erlaubt die Shell dem Benutzer, sich seine Arbeitsumgebung
individuell einzurichten. Jede Shell kennt dazu bestimmte Konfigurationsdatei-
en. Im einzelnen sind dies die folgenden:

| Shell-Typ | Shell-Pfad | Datei | Ausführungszeitpunkt |
|---|---|---|---|
| Bourne | /bin/sh | /etc/profile | beim Anmelden |
| | | $HOME/.profile | beim Anmelden, nach /etc/profile |
| C | /bin/csh | $HOME/.cshrc | bei jedem Shell-Start |
| | | $HOME/.login | beim Anmelden, **nach** .cshrc |
| | | $HOME/.logout | beim Abmelden |
| Korn | /bin/ksh | /etc/profile | beim Anmelden |
| | | $HOME/.profile | beim Anmelden, nach /etc/profile |
| | | $ENV | bei jedem Shell-Start |

**Tabelle 3.2:** *Zusammenhang Shell-Login*

Die ENV-Variable der Korn-Shell setzt man in $HOME/.profile. Meistens nennt man die damit bezeichnete Konfigurationsdatei analog zur C-Shell .kshrc.

Eine typische .profile Datei kann folgendes Aussehen haben:

```
PATH=$PATH:$HOME/bin:.                 # set command search path
MAIL=/usr/spool/mail/'logname'         # mailbox location
export PATH MAIL

# Für DOS-Liebhaber folgt hier ein Vorschlag, gängige DOS-Kommandos durch
# alias-Anweisungen (erfordern Korn-Shell) zur Verfügung zu stellen:
alias dir='ls -lF'
alias dirw='ls -CF'
alias md=mkdir
alias rd=rmdir
alias copy=cp     # Vorsicht: Unter UNIX sind immer 2 Argumente nötig!
```

Der DOS-Befehl **rename** wurde bewußt ausgelassen, da ein einfacher Alias auf das UNIX-Kommando mv fatale Auswirkungen haben kann. Das folgende Beispiel zeigt die Verwendung des Befehls *rename* unter DOS:

```
C:\MAX\BRIEFE> dir /w
[.]                  [..]                SPRINGER1.TXT    SPRINGER2.TXT
BANK.TXT             VERSCHRG.DOC
        6 Dateien             30986 Bytes verwendet
                           15859712 Bytes frei

C:\MAX\BRIEFE> ren *.txt *.doc

C:\MAX\BRIEFE> dir /w
[.]                  [..]                SPRINGER1.DOC    SPRINGER2.DOC
BANK.DOC             VERSCHRG.DOC
        6 Dateien             30986 Bytes verwendet
                           15859712 Bytes frei
```

Ruft man den **mv**-Befehl unter UNIX auf, bekommt man im günstigsten Fall eine Fehlermeldung. Hatte man vorher jeweils genau eine Datei vom Typ `.txt` und `.doc`, dann wird letztere ohne Warnung überschrieben:

```
/max/briefe> dirw
Bank.txt           Versicherung.doc
/max/briefe> mv *.txt *.doc
/max/briefe> dirw
Versicherung.doc           # war vorher Bank.txt — Datentod!
```

Ein Beispiel (hier C-Shell) für die korrekte UNIX-Methode zum gleichartigen Umbenennen mehrerer Dateien bildet das Ende dieses Abschnitts:

```
/max/briefe> dirw
Bank.txt           Springer1.txt    Springer2.txt    Versicherung.doc
/max/briefe> foreach file (*.txt)
? mv $file 'basename $file .txt'.doc
? end
/max/briefe> dirw
Bank.doc           Springer1.doc    Springer2.doc    Versicherung.doc
```

## 3.3 Grundlegende Dateiverwaltung

Das UNIX Dateisystem besteht aus einer hierarchischen Anordnung von Verzeichnissen und Dateien. Aufgehängt ist alles im sogenannten Wurzelverzeichnis (root-Verzeichnis), das mit dem einzelnen Zeichen „/" bezeichnet wird. Unter DOS werden Festplatten und Laufwerke nicht im root-Verzeichnis aufgehängt, sondern durch ihren eigenen Namen (z.B. a:, b:, c:) angesprochen. Statt „Backslashs" („\") bei den Pfadangaben in DOS werden in UNIX einfache Schrägstriche („/") verwendet.

Dieses Kapitel führt in die UNIX-Dateihierarchie ein, und erklärt in diesem Zusammenhang nützliche Kommandos zur Dateiverwaltung.

### 3.3.1 Dateitypen

UNIX unterscheidet im wesentlichen drei Dateitypen:

**Gewöhnliche Dateien**

In gewöhnlichen Dateien werden Texte, Programme oder sonstige Daten gespeichert. Wie schon erwähnt, unterscheidet UNIX im Gegensatz zu DOS zwischen Groß- und Kleinschreibung bei Dateinamen. Diese setzen sich wie unter DOS aus Buchstaben des Alphabets, Zahlen und Sonderzeichen zusammen. Dabei sollte darauf geachtet werden, folgende Zeichen (sog. *Metazeichen*) nicht in Dateinamen zu verwenden, da sie für die verschiedenen Shells besondere Bedeutung besitzen:

| ? | * | \ | [ | ] |
|---|---|---|---|---|
| / | ; | $ | ( | ) |
| ' | '' | ` | < | > |
|   |   | & | { | } |

Folgender Aufruf *vi test;vi* würde zum Beispiel nicht den Editor vi mit dem Dateinamen *test;vi* aufrufen. Ein *;* wird von der Shell als Trennzeichen zwischen Kommandos interpretiert. In unserem Beispiel würde die Shell die Kommandos *vi test* und *vi* hintereinander ausführen.

**Verzeichnisse**

Verzeichnisse sind wie in DOS ein Hilfsmittel, um Dateien strukturiert abzulegen. Jedes Verzeichnis hat automatisch zwei symbolische Bezeichnungen:

. Bezeichnet das aktuelle Verzeichnis.

.. Symbolisiert das direkt übergeordnete Verzeichnis im Baum.

Verzeichnisse können beliebig viele Dateien oder wiederum andere Verzeichnisse enthalten. Durch diese Möglichkeit Dateien anzuordnen, kann ein sogenannter Dateibaum aufgebaut werden. Unter UNIX findet man für gewöhnlich einen Dateibaum vor, der dem aus Abbildung 3.1 ähnelt.

Das oberste Verzeichnis, die Wurzel „/" (in DOS „\") wird auch als „root" bezeichnet. Nachfolgend werden einige UNIX-Standardverzeichnisse aus der Abbildung 3.1 erläutert:

**/etc** Dieses Verzeichnis enthält hauptsächlich Dateien für die Systemverwaltung (z.B. Paßwortdatei `passwd`).

**/usr** Unter diesem Verzeichnis sind oft die Home-Verzeichnisse der Benutzer abgelegt.

**/bin** Nahezu alle Befehle, die im nächsten Abschnitt vorgestellt werden, sind in diesem Verzeichnis zu finden. Es ist in UNIX üblich, ausführbare Programme in Verzeichnissen mit dem Namen „bin" zu halten.

**/dev** Enthält alle Schnittstellendateien, die für die Ein- und Ausgabe auf pheriphere Geräte benötigt werden.

**Gerätedateien**

Neben gewöhnlichen Dateien und Verzeichnissen gibt es in UNIX Gerätedateien, die unter dem Verzeichnis **/dev** (engl. für *device*) zu finden sind. Über diese Dateien kann der Benutzer bzw. Programmierer Peripheriegeräte wie Drucker, Terminal und Platten ansprechen (siehe auch 2.4.2.4). Abbildung 3.1 enthält einen Ausschnitt des **/dev**-Verzeichnisses.

## 3.3.2 Eigenschaften einer Datei

Jede Datei wird nicht nur durch ihren Namen und Dateityp, sondern auch durch folgende Eigenschaften charakterisiert:

**Zugriffsrechte**

Diese legen fest, welche Benutzer die Datei lesen, ändern und ausführen dürfen.

**Zahl der Verweise**

Eine Datei kann in mehreren Verzeichnissen einen Eintrag besitzen und dadurch über mehrere Verzeichnisse angesprochen werden.

**Besitzer**

Jede Datei hat genau einen Eigentümer.

**Dateigröße**

Die Größe einer Datei wird in Bytes angegeben.

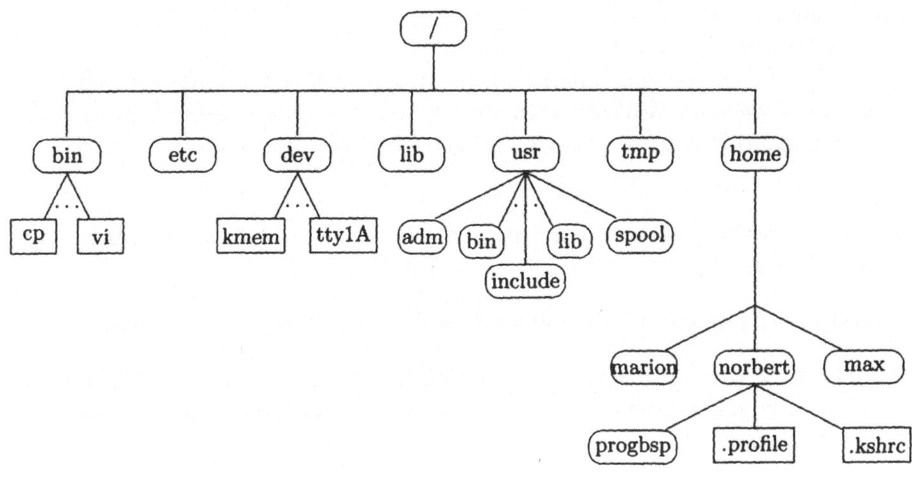

**Abbildung 3.1:** *Typischer UNIX-Dateibaum*

## Zeitpunkt der zuletzt durchgeführten Änderung

Nach jeder Veränderung des Dateiinhaltes wird das Datum und die Uhrzeit festgehalten.

### 3.3.3 Wichtige Kommandos

Für die Organisation und Manipulation von Daten stehen in UNIX eine Vielzahl von Kommandos zur Verfügung.

In diesem Kapitel werden nur die in der Praxis am häufigsten benutzten Kommandos beschrieben. Welche Kommandos dabei für welche Anforderung verwendet werden, wird im folgenden Text (gegliedert nach Art der Anforderung) beschrieben.

### Bewegen im Dateibaum

**pwd** (print working directory)

Ausgabe des Pfades zu dem Verzeichnis, in dem man sich gerade befindet. Der Pfad beginnt dabei beim root-Verzeichnis, wobei die einzelnen Unterverzeichnisse mit einem „/" getrennt werden.

**cd** (change directory)

*cd Verzeichnisname*

Mit dem Befehl *cd* kann man in ein anderes Verzeichnis wechseln. Das Zielverzeichnis wird als Argument mitgegeben. Fehlt dieses Argument, so wird automatisch in das Home-Verzeichnis des Benutzers gewechselt.

Für die Angabe von Verzeichnisnamen gibt es unter UNIX prinzipiell zwei Möglichkeiten:

**absolut** Der gesamte Pfadname wird ab der root angegeben (vgl. *pwd*).

**relativ** Ist das erste Zeichen im Pfadnamen kein „/“, so wird der Pfadname relativ interpretiert, das bedeutet, der Ausgangspunkt ist das aktuelle Verzeichnis.

Im folgenden Beispiel befindet sich der Benutzer zunächst im Verzeichnis /home/max/post/ausgang, wechselt dann in das übergeordnete Verzeichnis und legt ein neues Verzeichnis mit dem Namen *eingang* an.

```
$  pwd
/home/max/post/ausgang
$  cd ..
$  mkdir eingang
$  cd eingang ; pwd
/home/max/post/eingang
```

## Ausgabe von Dateien

**ls** (list)

Mit diesem Kommando kann man sich den Inhalt eines Verzeichnisses ausgeben lassen. Der *ls* Befehl kennt eine Reihe von Optionen, die das Ausgabeformat verändern. Häufig benutzte Optionen:

**-l** Zusätzliche spaltenweise Ausgabe von zugehörigen Dateiinformationen. Die 1. Spalte enthält den Dateityp und Dateizugriffsrechte, die 2. die Anzahl der Dateiverweise, dann folgt die Angabe des Benutzers und der Gruppe der Datei. In der 5. Spalte wird die Größe der Datei, in der 6. bis 8. jeweils das Datum und die Uhrzeit der letzten Änderung und in der letzten Spalte der Dateiname angegeben.

**-a** Bewirkt, daß auch alle Dateien, deren Name mit einem „.“ beginnen, ausgegeben werden. Diese sind in der Regel Dateien, mit denen ein Benutzer ein Programm nach seinen eigenen Wünschen konfigurieren kann. Zum Beispiel kann die Umgebung für die Shell mit der Datei **.profile** eingestellt werden. Insbesondere listet diese Option auch „.“ und „..“ Verzeichnisse auf.

Folgendes Beispiel listet das Home-Verzeichnis des Benutzers „max" auf:

```
$   ls -al
total 24
drwxr-xr-x   7 max      verw          208 Feb 09 19:41 .
drwxr-xr-x  32 root     bin          1536 Feb 09 19:17 ..
-rw-r--r--   1 max      verw          979 Dec 08 12:25 .profile
drwxr-xr-x   2 max      verw           32 Feb 09 19:24 bin
-rw-------   1 max      verw         2865 Jan 12 17:17 mbox
drwxr-xr-x   4 max      verw           64 Feb 09 19:24 post
drwxr-x---   2 max      verw           32 Feb 09 19:19 quellen
$
```

## cat (concatenate)

*cat Dateiname ...*
Gibt den Inhalt der als Argument mitgelieferten Datei aus.

## more

Dieser Befehl zeigt den Inhalt einer Datei oder der Standardeingabe seitenweise an. Auch das Format der Ausgabe dieses Befehls kann über viele Optionen gesteuert werden. Meist steht *more* als letztes in einer Pipe; sehr lange Verzeichnisinhalte werden z.B. mit folgendem Befehl aufgelistet:

*ls -la | more*

## Erzeugen von Verzeichnissen

## mkdir (make directory)

*mkdir Verzeichnisname(n)*
Die angegebenen Verzeichnisse werden neu angelegt.

## Löschen von Dateien

## rmdir (remove directory)

*rmdir Verzeichnisname(n)*
Mit diesem Befehl können Verzeichnisse gelöscht werden. Voraussetzung ist, daß diese leer sind, das bedeutet, daß sie keine Dateien mit Ausnahme von „." und „.." enthalten.

## rm (remove)

*rm Datei(en)*
Löschen der übergebenen Dateien. Häufig benutzte Optionen sind folgende:

**-r** (recursive)
Die angegebenen Verzeichnissen werden mit allen Dateien sowie allen darin enthaltenen Unterverzeichnissen gelöscht.

**-i** (interactive)

> Das Löschen von Dateien muß einzeln bestätigt werden. Das bedeutet, der Benutzer wird bei jeder betroffenen Datei gefragt, ob er sie löschen will oder nicht.

**-f** (force)

> Eine Datei wird auch dann gelöscht, wenn keine Schreibrechte auf sie vorhanden sind. [1] Häufig verwendet wird diese Option, wenn große Dateibäume vollständig gelöscht werden sollen, in denen viele Dateien ohne Schreibberechtigung enthalten sind.


## Verlagern von Dateien

**mv** (move)

> *mv Datei1 Datei2*
> *mv Verzeichnis1 Verzeichnis2*
> *mv Datei(en) Verzeichnis*
> Zum einen kann dieses Kommando dazu benutzt werden, eine Datei umzubenennen, zum anderen kann man eine oder mehrere Dateien in ein anderes Verzeichnis übertragen.

**cp** (copy)

> *cp Datei1 Datei2*
> *cp Datei(en) Verzeichnis*
> Mit cp kann man eine Kopie einer Datei erzeugen, oder mehrere Dateien in ein anderes Verzeichnis kopieren.


## Sonstige

**find** (find files)

> *find Verzeichnisnamen Ausdruck*
> Die Einsatzmöglichkeiten von find sind sehr umfangreich. Für den täglichen Gebrauch reichen folgende Optionen aus:

**-print**

> Die Pfadnamen der „passenden" Dateien werden ausgegeben. Ohne -print arbeitet find gewissermaßen stumm.

**-name** *Ausdruck*

> Bewirkt, daß nur die Dateien, deren Namen (ohne Pfad davor) auf *Ausdruck* passen, bearbeitet werden. *Ausdruck* ist dabei ein sog. *regulärer Ausdruck* ähnlich denen beim *grep* Kommando.

**-user** *Benutzernamen*

> Es werden Dateien gesucht, die dem angegebenen Benutzer gehören.

---

[1]Allerdings kann eine Datei nur von ihrem Eigentümer oder vom Superuser gelöscht werden.

**-atime** *n*
>   Auf die gesuchten Dateien erfolgte vor *n* Tagen der letzte Zugriff.

**grep**  (global **regular expression parser**)
>   *grep Muster Datei(en)*
>   In einer oder mehreren Datei(en) wird nach Text gesucht, der auf ein
>   vorgegebenes Muster paßt. Dieses wird nicht als einfache Zeichenfolge in-
>   terpretiert, sondern als Schablone. Die Textausschnitte, die darauf passen,
>   werden ausgegeben. Mit den folgenden Optionen kann man die Ausgabe
>   von *grep* modifizieren:

**-v**
>   Genau die Zeilen, die nicht auf *Muster* passen, werden ausgegeben.

**-l**
>   Statt der passenden Zeilen selbst werden nur die Namen der Dateien
>   ausgegeben, die solche Zeilen enthalten.

**-n** (number)
>   Vor jeder passenden Zeile wird deren Nummer angezeigt. Die Zählung
>   beginnt für jede Datei wieder von vorne.

```
$  pwd
/home
$  find . -name "rechnung*" -print
./rosi/rechnung2.txt
$  cd max
$  grep "CeBIT" *
$ brief2.txt:Wie jedes Jahr sind wir auch heuer auf der CeBIT vertreten,
```

### 3.3.4 Zugriffsrechte auf Dateien

Zu jeder Datei gehören Zugriffsrechte, die festlegen, welche Benutzer diese lesen,
verändern oder ausführen dürfen. Dabei werden alle Benutzer einer Datei in drei
Klassen eingeteilt:

|          |                                          |
|----------|------------------------------------------|
| u(ser)   | Besitzer einer Datei.                    |
| g(roup)  | Mitglieder der Gruppe, der die Datei zugeord- net ist. |
| o(thers) | Alle übrigen Benutzer.                   |

Für jede Klasse von Benutzern können folgende Zugriffsrechte getrennt gesetzt werden:

| | |
|---|---|
| r(ead) | Lesen einer Datei oder des Inhaltes eines Verzeichnisses. |
| w(rite) | Eine Datei darf verändert oder gelöscht werden. Handelt es sich um ein Verzeichnis, so dürfen in diesem neue Dateien angelegt und gelöscht werden. |
| (e)x(ecute) | Erlaubnis, Dateien auszuführen. Für Verzeichnisse wird festgelegt, ob auf deren Einträge zugegriffen werden darf. |

Die Zugriffsrechte werden in einem Wort, bestehend aus je einem Tripel für die jeweilige Benutzerklasse, dargestellt:

```
rwx    rwx    rwx
user   group  other
```

Mit dem *ls  -l* Kommando werden die zu einer Datei gehörenden Zugriffsrechte in der ersten Spalte auf dem Bildschirm ausgegeben. Die Datei *rechnung2. txt* besitzt im nachfolgenden Beispiel alle Zugriffsrechte:

```
$ pwd
/home/max
$ ls -l re*
-rwxrwxrwx   1 max      verw          4 Feb 24 19:51 rechnung2.txt
$
```

**Verändern von Dateizugriffsrechten**

Die Zugriffsrechte können nur vom Besitzer einer Datei oder vom root-Benutzer durch folgende Kommandos festgelegt werden:

**chmod  (change mode)**
   *chmod Modus Dateiname*
   Die Rechte der Datei „Dateiname" werden gemäß dem Parameter „Modus" gesetzt. Dieser kann auf zwei Arten angegeben werden:

**symbolisch**

Die symbolische Schreibweise hat die Form:
[welche Klassen] erhalten [welche Rechte],
wobei folgende Zuordnungen gelten:

| | |
|---|---|
| welche Klassen | u,g,o,a (a entspricht ugo) |
| erhalten | +(hinzufügen) -(wegnehmen) =(neu setzen) |
| welche Rechte | r w x |

Zwischen den einzelnen Angaben darf kein Leerzeichen stehen, die Kombination von mehreren Klassen und Rechten ist erlaubt.

**absolut**

Die Berechtigungen werden als 3-stellige Oktalzahl angegeben, wobei jede Ziffer einem der eben genannten Tripel entspricht. Dabei wird jeder Zugriffsberechtigung eine Zahl „zugeordnet" (4=r, 2=w, 1=x), zur Ermittlung der Oktalzahl werden die gewünschten Rechte je Klasse addiert und nacheinander hingeschrieben.

**umask** (**u**ser file creation mode **mask**)

*umask Oktalzahl*

Der Wert von *Oktalzahl* entspricht den Berechtigungen, die eine neuerzeugte Datei **nicht** bekommen soll.

Folgende Tabelle enthält einige Beispiele, die veranschaulichen, wie die Rechte einer Datei absolut und entsprechend symbolisch gesetzt werden.

| | Eigentümer | | | Gruppe | | | Alle anderen | | |
|---|---|---|---|---|---|---|---|---|---|
| | u | | | g | | | o | | |
| Beispiele | r | w | x | r | w | x | r | w | x |
| als Oktalzahl | 4 | 2 | 1 | 4 | 2 | 1 | 4 | 2 | 1 |
| 755 | u=rwx | | | g=rx | | | o=rx | | |
| 644 | u=rw | | | g=r | | | o=r | | |
| 750 | u=rwx | | | g=rx | | | o-rwx | | |
| 700 | u=rwx | | | g-rwx | | | o-rwx | | |

**Tabelle 3.3:** *Absolute und symbolische Zuweisung von Dateizugriffsrechten*

## 3.4 Grundlegende Prozeßverwaltung

In DOS werden Programme als externe Unterprogramme in den Speicher geladen und ausgeführt.

Unter UNIX bewirkt das Starten eines Programmes die Erzeugung eines neuen Prozesses. Als Programme werden hierbei nicht nur Anwenderprogramme verstanden, sondern auch Shell-Scripts. Ein Programm kann von mehreren Prozessen ausgeführt werden. Dieser Fall tritt zum Beispiel ein, wenn mehrere Anwender den vi aufrufen. Wie im nachfolgenden Beispiel zu sehen ist, läuft dann für jeden Anwender ein eigener Prozeß.

```
# ps -eaf | grep vi
   max  5574  5556  0 08:48:21  p0      0:00 vi test
  root  5602  5587 10 08:50:45  p2      0:00 grep vi
  rosi  5601  5584  0 08:50:33  p1      0:00 vi test
#
```

Um einen Prozeß intern eindeutig zu kennzeichnen, wird ihm bei der Erzeugung eine Nummer, kurz PID (Process Identification) zugeteilt. Diese Prozeßnummer wird systemweit fortlaufend vergeben um sicherzustellen, daß nicht mehrere Prozesse durch die gleiche Nummer repräsentiert werden. Die Prozeßnummer wird auch in Kommandos verwendet, um einen Prozeß zu kennzeichnen.

Wie beim Aufbau des Dateisystems gibt es auch bei der Prozeßverwaltung einen streng hierarchischen Aufbau; alle Prozesse stammen von einem „Urprozeß" (/etc/init) ab. Jeder Prozeß (mit Ausnahme des Init-Prozeß) hat einen Vater und kann mehrere Sohnprozesse erzeugen. Eine Login-Shell wird beispielsweise von **getty** gestartet und jedes Kommando, das wiederum von der Shell aus gestartet wird, ist ein direkter Sohnprozeß der Shell.

Normalerweise wartet die Shell auf die Beendigung eines Kommandos. In vielen Fällen ist es aber von Vorteil, einen Prozeß im Hintergrund zu starten. Dadurch wartet die Shell nicht mehr bis das Kommando fertig abgearbeitet ist, sondern steht sofort für neue Eingaben zur Verfügung.

```
find . -name Zeugnis.txt -exec rm {} \; &
```

Dieses Kommando durchsucht ab dem aktuellen Verzeichnis (im Beispiel .) rekursiv alle Unterverzeichnisse nach Dateien mit dem Namen „Zeugnis.txt", um diese Dateien zu löschen. Abhängig von der Anzahl der zu durchsuchenden Verzeichnisse kann diese Ausführung viel Zeit in Anspruch nehmen. Will man nicht auf das Ende der Ausführung warten, so startet man das Kommando wie im obigen Beispiel mit dem „&" am Ende; die Shell meldet mit dem Erscheinen des Prompt-Zeichens wieder ihre Bereitschaft zur Entgegennahme des nächsten Kommandos. Erzeugt der im Hintergrund gestartete Prozeß Ausgaben auf den Bildschirm, so sollten diese in eine Datei umgelenkt (siehe 3.2.3) werden, damit der weitere Bildschirmdialog nicht gestört wird.

Beim Abmelden vom Terminal werden alle Prozesse, auch wenn sie im Hintergrund gestartet wurden, beendet. Eine Ausnahme bilden nur Prozesse, die mit dem **nohup** Kommando gestartet werden.

Will der Benutzer max zum Beispiel nicht auf das Ende der Sicherung seines Home-Verzeichnisses warten, so startet er das Kommando wie folgt:

*nohup tar -cvf /dev/streamer . &*

Im folgenden werden einige unentbehrliche Kommandos für die Prozeßverwaltung erklärt:

ps

Gibt eine Liste der aktiven Prozesse im System aus. Die Optionen und das Format der Ausgabe unterscheiden sich bei diesem Befehl in den einzelnen UNIX-Systemen. Erfolgt der Aufruf ohne Optionen, so werden nur die Prozesse ausgegeben, die dem Terminal zugeordnet sind. Zu jedem Prozeß wird dann nur die Prozeßnummer, Terminaltyp, kumulative Ausführungszeit und der Programmname ausgegeben. Die Anzeige weiterer Prozesse sowie weiterer Informationen zu einem Prozeß kann in SCO zum Beispiel über folgende Optionen veranlaßt werden:

**-e** Jeder im System aktive Prozeß wird angezeigt.

**-f** Ausgabe einer vollständigen Liste mit allen verfügbaren Informationen zu einem Prozeß.

Eine Ausgabe des Kommandos *ps -ef* ist im nachfolgenden Beispiel enthalten. Die einzelnen Spalten dieser Liste haben dabei der Reihe nach folgende Bedeutung:

**UID** Benutzernummer des Prozeßeigentümers.

**PID** Prozeßnummer des Prozesses.

**PPID** Prozeßnummer des Vaterprozesses.

**C** Parameter für den CPU-Zuteilungsalgorithmus (Scheduling).

**STIME** Zeitpunkt, zu dem der Prozeß gestartet wurde.

**TTY** Terminal, das dem Prozeß zugeordnet ist.

**TIME** Kumulativ aufgerechnete, verbrauchte CPU-Zeit.

**COMMAND** Programmname des ausgeführten Prozesses.

```
152$ ps -ef | more
  UID   PID  PPID  C    STIME  TTY      TIME COMMAND
 root     0     0  0  Feb  8   ?        0:00 sched
 root     1     0  0  Feb  8   ?        2:02 /etc/init -a
 root     2     0  0  Feb  8   ?        0:00 vhand
 root     3     0  0  Feb  8   ?        0:28 bdflush
 root  4368     1  0  12:14:56 01       0:02 -ksh
 root  4372     1  0  12:15:00 02       0:00 /etc/getty tty02 sc_m
 root   157     1  0  Feb  8   ?        0:05 /usr/lib/lpsched
```

**kill**

Dieses Kommando veranlaßt das Beenden eines Prozesses. Dazu muß die Prozeßnummer als Argument angegeben werden. Als Option kann eine Signalnummer angegeben werden, die den Prozeß zum Anhalten veranlassen soll. Prozesse, die mit nohup-Kommandos gestartet wurden, können nicht durch die Signale SIGHUP und SIGQUIT beendet werden. Signalnummer 9 zum Beispiel terminiert einen Prozeß sofort, ohne ihn Aufräumarbeiten durchführen zu lassen. Diese Möglichkeit sollte deshalb nur dann genutzt werden, wenn der Prozeß durch alle anderen Signale nicht gestoppt werden kann.

Eine Anweisung zum Terminieren eines Prozesses kann beispielsweise so aussehen:

*kill 5574*

Die Prozeßnummer (im Beispiel 5574) wird von der Shell beim Starten des Prozesses im Hintergrund ausgegeben oder kann durch das *ps* Kommando festgestellt werden.

## 3.5  Der Editor vi

Standard-Editoren unter UNIX sind der ed und der vi. Der zeilenorientierte ed Editor ist zwar als Grundlage für den anderen Editor zu sehen, wird aber heutzutage fast nicht mehr verwendet.

Der vi (**vi**sual editor) Editor arbeitet bildschirmorientiert, man kann also seitenweise Ausschnitte des editierten Textes auf dem Bildschirm lesen. Wesentliche Merkmale dieses Editors sind die freie Positionierbarkeit des Cursors sowie die Fähigkeit, sich an nahezu jedes zeichenorientierte Terminal anzupassen.

Unter DOS existieren vi-Klones wie zum Beispiel der gleichnamige vi-Editor oder der 8-bit fähige Editor mit dem Namen elvis.

Die nachfolgenden Abschnitte beschreiben kurz die wesentlichen Befehle, die zum Erstellen von Texten benötigt werden. Darüberhinaus kennt der vi noch viele andere mächtige Befehle, wie zum Beispiel komfortable Textersetzungskommandos, die im Rahmen dieses Buches nicht besprochen werden können.

### 3.5.1  Starten des vi

Nach Eintippen des Kommandos

$$vi\ test$$

wird der Bildschirm gelöscht und das Editorfenster erscheint.

### 3.5.2  Betriebsarten

Der vi kennt drei verschiedene Betriebsarten:

**Kommandomodus**
> Nach dem Starten befindet sich der Editor automatisch in diesem Modus. Wie der Name schon besagt, werden in diesem Modus Kommandos, wie zum Beispiel zur Cursorpositionierung oder zum Löschen von Text, eingegeben. Die meisten Befehle bestehen aus einem einzelnen Zeichen, wobei besonders auf Groß- und Kleinschreibung geachtet werden muß.

**Eingabemodus**
> Ausschließlich in diesem Modus ist die Eingabe und Änderung von Text möglich. Um in diesen Modus zu gelangen, stehen eine Reihe von Kommandos zur Verfügung (siehe Tabelle 3.5.2).

**„letzte Zeile Modus"**
> In der untersten Zeile des Editorfensters werden Argumente für folgende Befehle eingegeben:

$$:\quad Q\ /\ ?$$

Nach : oder *Q* können erweiterte Befehle wie zum Beispiel Substitutionsbefehle durchgeführt werden. Mit den Befehlen / bzw. ? wird eine Datei nach dem nächsten Vorkommnis des angegebenen Suchmusters durchsucht. / sucht dabei ab der Cursorposition nach unten im Text, ? in die umgekehrte Richtung.

Die in diesem Modus eingegebenen Kommandos werden vor der Ausführung in der Eingabezeile sichtbar.

Die im folgenden Text vorgestellten Kommandos sind nur ein kleiner Ausschnitt aus den Befehlen, die der vi zur Verfügung stellt.

Ein Befehl, der besonders für Anfänger wichtig ist, heißt

> u  (**undo**).

Dieser macht das zuletzt ausgeführte Kommando wieder ungeschehen.

## Texteingabe

Vom Kommandomodus gelangt man mit jedem der in Tabelle 3.5.2 aufgeführten Befehle in den Eingabemodus. Beendet wird dieser Modus mit

| Kommando | Abstammung | Bedeutung |
| --- | --- | --- |
| i | insert | Text vor dem Cursor einfügen |
| I | Insert | Text vor dem ersten sichtbaren Zeichen in der aktuellen Zeile einfügen |
| a | append | Text nach dem Cursor einfügen |
| A | Append | Text am Ende der Zeile einfügen |
| o | open | Einfügen (eröffnen) einer neuen Zeile unter der aktuellen Zeile |
| O | Open | Einfügen (eröffnen) einer neuen Zeile über der aktuellen Zeile |
| r | replace | Zeichen unter dem Cursor ersetzen; dieser Befehl wird nicht mit ESC beendet. |
| R | Replace | Text ab dem Cursor überschreiben |
| s | substitute | Zeichen unter dem Cursor durch neuen Text ersetzen |
| S | Substitute | Aktuelle Zeile durch neuen Text ersetzen |

**Tabelle 3.4:** vi *-Befehle zur Texteingabe*

## Löschen von Text

Die gängigen Befehle zum Löschen von Text stehen in folgender Tabelle 3.5.2:

| Kommando | Abstammung | Bedeutung |
|---|---|---|
| x | extract | Zeichen unter dem Cursor löschen (aus-x-en) |
| dd | delete | Löschen der aktuellen Zeile |
| D | Delete | Entfernen des Textes ab dem Cursor bis zum Zeilenende |

**Tabelle 3.5:** vi-*Befehle zum Löschen von Text*

| Taste(n) | | Bedeutung |
|---|---|---|
| h | ← | 1 Zeichen nach links |
| l | → | 1 Zeichen nach rechts |
| k | ↑ | 1 Zeichen nach oben |
| j | ↓ | 1 Zeichen nach unten |
| 0 | | Anfang der aktuellen Zeile |
| $ | | Ende der aktuellen Zeile |
| H | | erste Zeile der angezeigten Seite |
| L | | letzte Zeile der angezeigten Seite |
| M | | mittlere Zeile des Bildschirms |
| $n$G | | n-te Zeile der Datei |
| | | z.B.: 1G Anfang der Datei |
| G | | Ende der Datei |

**Tabelle 3.6:** vi-*Befehle zum Positionieren des Cursors*

## Positionieren des Cursors

Der Cursor kann bei den meisten vi-Implementierungen nur im Befehlsmodus bewegt werden. Dazu stehen zwei Möglichkeiten zur Verfügung:

1. Bewegen des Cursors mit den vorgesehenen Cursortasten. Allerdings sind die Cursortasten nicht auf allen Terminals im vi benutzbar.[2]

2. Positionieren des Cursors durch Betätigung folgender Tasten:

---

[2]Leitet ein Terminal eine gedrückte Cursortaste mit vorangestelltem ESC in der Steuersequenz weiter, so interpretieren die meisten vi Implementierungen dieses ESC als Aufforderung, vom Eingabemodus wieder in den Kommandomodus zu schalten.

## 3.6  Weitere nützliche UNIX-Befehle

Die in diesem Kapitel beschriebenen Kommandos sind als solider Grundstock
für den täglichen Umgang mit einem UNIX-System anzusehen. Einige weitere hilfreiche Kommandos beschreibt dieser letzte Abschnitt. Einige liefern
hauptsächlich Informationen, wie zum Beispiel die Anzeige des Datums. Fast
alle diese Kommandos besitzen wieder zahlreiche Optionen, die hier aber nicht
weiter dokumentiert werden.


**mail**

*mail Benutzername(n)*
Mit diesem Programm können Nachrichten zwischen Benutzer ausgetauscht werden. Die gewünschten Empfänger der Nachricht werden durch
ihren Benutzernamen angegeben. Dabei liest das *mail*-Kommando bis zu
einer Zeile, in der ein einzelner „.“ auftritt bzw. bis `Ctrl-D` eingegeben
wird. Die Nachricht wird mit einem Nachrichtenkopf versehen, der zum
Beispiel das Datum und den Absender enthält. Im folgenden Beispiel sendet „Max“ an "rosi" eine Nachricht:

```
$  mail rosi
Subject: Treffen
Hallo,
klappt das heute mit dem Mittagessen?
Ciao, Max
EOT
$
```


**at**

*at Zeitangabe*
Dieses Kommando veranlaßt die Ausführung von Kommandos zu einem
späteren Zeitpunkt. Die Kommandos werden aus der Standardeingabedatei gelesen, wobei auch die aktuelle Systemumgebung (z.B Shellvariable) gerettet wird. Erzeugen die eingetragenen Kommandos Ausgaben auf
die Standardausgabedatei bzw. Fehlermeldungen, so werden diese dem
Auftragssteller als Mail gesendet (falls die Ausgaben nicht umgeleitet
wurden). Der Zeitpunkt der Ausführung kann auf verschiedene Arten
bestimmt werden, eine Möglichkeit zeigt folgendes Beispiel:

*at 0430am Jan 26 < sichern*

Das Shell-Script `sichern` wird am 26. Januar um 4.30 morgens gestartet.

**who**

Mit diesem Kommando findet man heraus, welche Benutzer am System
eingeloggt sind. Zusätzlich liefert es die Ausgabe, an welchem Terminal

ein Benutzer arbeitet und den Zeitpunkt seiner Anmeldung im System. Die Ausgabe des *who*-Kommandos kann wie folgt aussehen:

```
$  who
rosi tty1a Feb 11 10:17
max tty1b Feb 11 10:33
christoph ttyp1  Feb 11 16:40
christoph ttyp2   Feb 11 16:40
britta ttyp3   Feb 11 16:53
$  who am i
max       tty1b Feb 11 10:33
```

Mit dem Aufruf *who am i* erhält man die Informationen nur über das eigene Terminal.

**du**  (**d**isk **u**sage of file(s))

Der Platzverbrauch von Dateien auf der Festplatte wird in Blöcken (je nach UNIX-System 512- bzw. 1024-Byte Blockgröße) ausgegeben. Die Argumente geben die Datei- oder Verzeichnisnamen an, deren Größe von Interesse sind. Erfolgt der Aufruf ohne Argument, so wird das aktuelle Verzeichnis angenommen. Das Kommando kann mit folgender nützlicher Option aufgerufen werden:

**-s**

Für jedes Verzeichnis werden die Blöcke, welche die einzelnen Dateien dieses Verzeichnisses belegen, aufsummiert. Damit kann, wie im nachfolgendem Beispiel gezeigt wird, die Größe des Home-Verzeichnisses festgestellt werden.

```
$  pwd
/home/max
$  du
2         ./
34        ./post/ausgang/bestellungen
6         ./post/ausgang/angebot
764       ./post/ausgang/kundendienst
28        ./post/ausgang/sonst
4         ./post/ausgang/umtausch
6         ./post/ausgang/leasing
844       ./post/ausgang
24        ./post/eingang/kundendienst
4         ./post/eingang/umtausch
6         ./post/eingang/leasing
36        ./post/eingang
882       ./post
162       ./quellen
2         ./bin
1086      .
$  cd ..
$  du -s max
1086      max
$
```

**date**

Erfolgt der Aufruf dieses Kommandos ohne Argument, so wird die aktuelle
Zeit und das aktuelle Datum am Bildschirm ausgegeben.

```
$ date
Thu Feb 25 14:52:29 NFT 1993
$
```

**clear**

Dieses Kommando löscht die Bildschirmanzeige und setzt den Cursor in
die obere linke Ecke des Bildschirms.

**echo**

Die angegebenen Argumente werden auf die Standardausgabe ausgegeben.

# 3.7  Grundlegende Systemverwaltung

Im Gegensatz zu DOS sind in UNIX eine Vielzahl von Systemdateien vorhanden, die betreut werden müssen. Aus Sicherheitsgründen erlaubt UNIX nur einem besonderen Benutzer, dem sogenannten Superuser, Änderungen am System durchzuführen.

Die wichtigsten Aufgaben des Superusers zur Verwaltung eines UNIX-Systems können dabei in folgende Bereiche eingeteilt werden:

**Benutzerverwaltung**

> Darunter fallen Tätigkeiten wie Anlegen von Benutzern und Festlegung von Zugriffsrechten auf Dateien.

**Dateisystemverwaltung**

> Die Größe eines UNIX-Dateisystems ist durch die Fähigkeit, andere Dateisysteme in das vorhandene einzubinden nicht limitiert. Aufgaben des Systemverwalters hierbei sind z.B. nicht weiter benötigte Systemdateien zu löschen und Dateisysteme so zu organisieren, daß ihre Kapazität nicht überschritten wird.

**Plattenverwaltung**

> Darunter versteht man z.B. das Formatieren und Partitionieren von Festplatten.

**Pflege von Peripheriegeräten**

> Geräte wie Drucker oder Terminals müssen konfiguriert und angeschlossen werden. Darüber hinaus muß die Funktionalität der Peripheriegeräte mit den Benutzern abgestimmt werden.

**Systemspezifische Tätigkeiten**

> Darunter versteht man Tätigkeiten, die im laufenden Betrieb gemacht werden, um einen reibungslosen Ablauf zu gewährleisten. Beispielsweise muß die Auslastung des Betriebssystems beobachtet werden, um auftretende Probleme schnell zu korrigieren.

**Datensicherung**

> Systemspezifische und Benutzerdaten müssen in einer Form auf Datenträgern gesichert werden, in der sie bei Bedarf wieder schnell restauriert werden können.

Bei Systemen mit sehr vielen Benutzern ist auch das sogenannte Accounting-System zu warten und auszuwerten. Ein Accounting-System ist ein Abrechnungssystem, das im allgemeinen Auskunft zur Auslastung der vorhandenen Ressourcen des Systems gibt. Zum Beispiel werden je Benutzer die verbrauchte Rechnerzeit und die gesamte Zeit, die der Benutzer am System eingeloggt war, aufgezeichnet. Diese Accounting-Systeme sind nicht einheitlich auf allen Systemen vorhanden.

Einige Unix-Systeme wie AIX oder SCO-Unix unterstützen die Systemverwaltung durch eigene Programme. SCO bietet zum Beispiel ein menüorientiertes Systemverwaltungsprogramm mit dem Namen „sysadmsh", das AIX-Systemverwalterprogramm „smit" wird seit Version 3.2 auch mit einer auf OSF/Motif aufsetzenden graphischen Benutzeroberfläche geliefert.

### 3.7.1 Privilegien des Superusers

In jedem UNIX-System gibt es einen speziellen Benutzer, den sogenannten Superuser, für den meistens der Benutzername **root** reserviert ist. Dabei wird intern jeder Benutzer als privilegiert angesehen, der die Benutzernummer „0" besitzt. Aus Sicherheitsgründen sollte in jedem UNIX-System nur ein Benutzer mit dieser Benutzernummer geführt werden. Folgende Zeile zeigt einen typischen Eintrag für den Superuser in der Paßwortdatei:

```
# grep root /etc/passwd
root:x:0:1:Superuser:/:
#
```

Benötigt wird solch ein Benutzer für Systemverwaltertätigkeiten. Da der root-Benutzer von allen Sicherheitsüberprüfungen ausgenommen ist, soll nur unter dieser Kennung gearbeitet werden, falls es unbedingt erforderlich ist.

Die folgenden Abschnitte beschreiben einige besonderen Rechte des Superusers.

### 3.7.2 Zugriffsrechte

Jeder Datei sind bestimmte Zugriffsrechte zugeordnet, die bestimmen, welche Operationen ein Benutzer mit der Datei ausführen darf. Auf diese Art kann man als gewöhnlicher Benutzer seine eigenen Dateien zum Beispiel so schützen, daß keine anderen Benutzer diese lesen dürfen. Allerdings gelten diese Schutzmechanismen nicht für den Superuser, dieser hat **uneingeschränkten Zugriff** auf alle Dateien im System. Dem normalen Anwender bleibt nur als Konsequenz, geheime Daten entweder zu verschlüsseln (manche Anwenderprogramme, z.B. einige Textverarbeitungsprogramme, bieten diese Möglichkeit an) oder auf einem externen Medium und nicht auf der Festplatte zu speichern.

**3.7.2.1 Ändern von Paßwörtern** Der Superuser kann ohne Kenntnis des alten Paßwortes das Paßwort eines beliebigen Benutzers mit dem *passwd*-Kommando ändern (z.B. sinnvoll, falls ein Benutzer sein Paßwort vergessen hat). Das Passwort des Benutzers „max" kann beispielsweise mit folgendem Aufruf geändert werden:

*passwd max*

Vergißt der root-Benutzer allerdings sein eigenes Paßwort, so gibt es keine Möglichkeiten, dieses im normalen Systembetrieb wieder festzustellen. Im schlimmsten Fall muß das ganze System neu installiert werden, um ein neues root-Paßwort festzulegen.

**3.7.2.2 Das su-Kommando** Mit dem Kommando *su* (set user) kann ein Benutzer ohne Abmelden vom System die Identität eines anderen Benutzers annehmen. Vorausgesetzt wird allerdings die Kenntnis des Paßwortes des Benutzers. Erfolgt der Aufruf ohne Angabe eines Benutzernamens, so wird der root-Benutzer angenommen. Erfolgt der Aufruf von *su* mit der Option „-", so werden die Konfigurationsdateien der verwendeten Shell des Benutzers durchlaufen. In dieser Form wird dieses Kommando zum Beispiel zum Testen der Umgebung eines Benutzers angewandt. Der root-Benutzer kann ohne Paßwortabfrage unter jeder Benutzerkennung arbeiten.

Zur Kontrolle unter welcher Benutzernummer gearbeitet wird, dient in einigen UNIX-Systemen das Kommando id. Folgendes Beispiel zeigt die Verwendung dieser Kommandos:

```
#   su max
$   id
uid=200(max) gid=101(verw)
$   exit
#   id
uid=0(root) gid=1(other)
#
```

Der Prompt des Superusers ist dabei das #-Zeichen, der Prompt des „normalen'" Benutzers das $-Zeichen.

**3.7.2.3 SUID und SGID - Bit** Das Paßwort wird in den meisten UNIX-Systemen in der /etc/passwd Datei gespeichert. Betrachtet man die Zugriffsrechte auf diese Datei, so erscheint es verwunderlich, daß man als „normaler" Benutzer in diese Datei schreiben kann (wie es bei einer Änderung des Paßwortes erforderlich ist):

```
#   ls -al /etc/passwd
-rw-rw-r--   1 bin       auth        1516 Feb 09 07:30 /etc/passwd
#
```

Allerdings editiert man als Benutzer nicht die Paßwortdatei, sondern ruft das Programm /bin/passwd auf, dieses ändert dann den entsprechenden Eintrag. Offensichtlich arbeitet dieses Programm für „normale" Benutzer mit root-Zugriffsrechten. Erreicht wird dies durch Setzen des sogenannten **SUID-Bits** (**set user identifikation bit**) durch den Superuser. Programme, bei denen dieses Bit gesetzt ist, werden mit den Rechten des Eigentümers ausgeführt. Das gesetzte SUID-Bit erkennt man an dem Buchstaben „s" anstelle des „x" in dem

Tripel, das die Zugriffsrechte für den Eigentümer bestimmt. Gesetzt wird dieses Bit durch den Aufruf des bereits bekannten *chmod* Kommandos (siehe 3.3.4). Die absolute und symbolische Schreibweise lautet dabei wie folgt:

$$chmod\ 4000\ Programmname\ \text{(absolut)}$$
$$chmod\ u+s\ Programmname\ \text{(symbolisch)}$$

Analog zum Setzen des SUID-Bits kann auch ein GUID-Bit gesetzt werden, um demjenigen, der das Programm aufruft, die entsprechenden Gruppenrechte zu geben. Folgende Optionen des *chmod* Befehls stehen dafür zur Verfügung:

$$chmod\ 2000\ Programmname\ \text{(absolut)}$$
$$chmod\ g+s\ Programmname\ \text{(symbolisch)}$$

**3.7.2.4 Ändern von Dateirechten** Mit dem Kommando *chown* bzw. *chgrp* wird der Besitzer bzw. die Gruppe einer Datei geändert. Die Ausführung dieser Kommandos ist auf den Superuser beschränkt.

**3.7.2.5 Nachrichten an Benutzer** Für die Kommunikation zwischen Benutzer stehen die Befehle `write` und `mail` zur Verfügung. Zusätzlich findet man unter /etc das Kommando `wall` (write to **all**), dessen Ausführung meistens aber nur dem Superuser erlaubt ist. Verwendet wird dieses Kommando, um Benutzern sehr wichtige Nachrichten zuzustellen, da die Nachricht sofort auf allen Bildschirmen erscheint, an denen Benutzer angemeldet sind. Nach der Eingabe von `wall` wird die entsprechende Nachricht eingegeben, die auch mehrere Zeilen lang sein kann. Abgeschickt wird die Nachricht mit

$$\boxed{\text{CTRL-D}}.$$

### 3.7.3 Benutzerverwaltung

Das Einrichten von Benutzern und Gruppen ist dem Superuser vorbehalten. Zum einen kann dies (falls vorhanden) mit dem jeweiligen Systemverwaltungsprogramm durchgeführt werden, zum anderen auf traditionelle Art. Letzteres beschreiben die nächsten zwei Abschnitte:

**3.7.3.1 Einrichten von Benutzern** Folgende Aktionen müssen durchgeführt werden, um neue Benutzer im System einzutragen:

- Eintrag einer entsprechenden Zeile in die Paßwortdatei (/etc/passwd).

- Erweitern der entsprechenden Gruppen in der Gruppendatei (/etc/group) um den neuen Benutzer.

- Einrichten des Home-Verzeichnisses.

**Eintrag in die Passwortdatei**

Die Paßwortdatei (`/etc/passwd`) enthält für alle im System zugelassenen Benutzer die gesamte Information, die zum Anmelden benötigt wird. Für jeden Benutzer existiert eine Zeile mit 7 Feldern, die durch „:" voneinander getrennt sind.
Diese Felder haben im einzelnen folgende Bedeutung:

1. Das erste Feld enthält den Benutzernamen.

2. Das Paßwort ist in dem zweiten Feld enthalten, allerdings in verschlüsselter Form.

3. Das UNIX-System erkennt intern einen Benutzer nicht durch seinen Namen, sondern durch die damit verbundene Benutzernummer (uid: user identification). Diese Benutzernummer ist im dritten Feld eingetragen. Zum Beispiel ist die Benutzernummer des Superusers immer 0.

4. Zusätzlich zur Benutzernummer ist hier im vierten Feld die primäre Gruppennummer (guid: group identification) eingetragen.

5. Dieses Feld kann zusätzliche Informationen wie zum Beispiel den Vor- und Nachnamen des Benutzers enthalten.

6. Der Ort des Home-Verzeichnisses wird hier angegeben.

7. Das Programm, das nach dem Anmelden das System als erstes ausgeführt wird (normalerweise eine Shell), wird im letzten Feld gespeichert.

Neuere Systeme bewahren das verschlüsselte Paßwort aus Sicherheitsgründen in einer anderen Datei (z.B. /etc/shadow) auf, deren Zugriffsrechte so gesetzt sein sollten, daß nur der Superuser diese lesen darf.
Folgendes Beispiel zeigt einen Ausschnitt aus einer typischen Paßwortdatei:

```
#   more /etc/passwd
lp:x:71:18:Printer administrator:/usr/spool/lp:
audit:x:79:17:Audit administrator:/tcb/files/audit:
ingres:x:777:50:Database administrator:/usr/ingres:
max:x:201:102:Max Resom:/home/max:/bin/ksh
britta:x:202:102:Britta Lichtner:/home/britta:/bin/ksh
rosi:x:203:102:Rosemarie Maier:/home/rosi:/bin/ksh
christoph:x:204:102:Christoph Gnis:/home/christoph:/bin/csh
```

Der Benutzer „max" besitzt zum Beispiel die Benutzernummer 201, gehört zur Gruppe mit der Nummer 102, heißt Max Resom, sein Home-Verzeichnis befindet sich unter /home/max und als erstes Programm wird nach dem Anmelden an das System eine Korn-Shell gestartet. Der Eintrag „x" im zweiten Feld bedeutet, daß das zugehörige Paßwort in einer anderen Datei verschlüsselt gespeichert wird (in SCO lautet diese **/etc/shadow**).

## Eintrag in die Gruppendatei

In der Datei `/etc/group` sind alle im System vorhandenen Gruppen aufgeführt. Der neu erzeugte Benutzername muß in die Gruppe, die in der Paßwortdatei zugeordnet wurde, eingetragen werden (siehe 3.7.3.3).

## Einrichten des Home-Verzeichnisses

Soll der Benutzer ein Home-Verzeichnis erhalten, so wird dieses erzeugt und die Verzeichnis-Rechte werden dem Benutzer überschrieben. Im nachfolgenden Beispiel wird ein Verzeichnis für einen neuen Benutzer "rudi" unter /home eingerichtet.

```
# cd /home
# mkdir rudi
# chown rudi rudi
# chgrp verw rudi
# ls -ald rudi
drwxr-xr-x   2 rudi       verw          32 Feb 18 08:57 rudi
#
```

**3.7.3.2 Entfernen von Benutzern** Wird der Eintrag eines Benutzers aus der Paßwortdatei gelöscht, so kann er sich nicht mehr ans System anmelden und auf seine Daten zugreifen. Unter SCO-Unix kann ein Benutzer aus Sicherheitsgründen nicht gelöscht, sondern nur gesperrt werden. Die Benutzernummer kann danach in diesem System nicht mehr für einen neuen Benutzer verwendet werden.

**3.7.3.3 Einrichten von Gruppen** Das Gruppenkonzept in UNIX sieht vor, daß jeder Benutzer in beliebig vielen Gruppen enthalten sein kann. Der root-Benutzer kann zum Beispiel Benutzer, die alle am gleichen Projekt beteiligt sind, in einer neuen Gruppe zusammenfassen, wobei Zugriffe auf gemeinsame Daten auf diese beschränkt sein sollen

Repräsentiert wird eine Gruppe durch ihren Gruppennamen und intern durch ihre Gruppennummer. Neben dem Gruppennamen kann einer Gruppe auch ein Paßwort zugewiesen werden. Die gesamten Gruppeninformationen sind in der Datei /etc/group abgelegt. Der Aufbau dieser Datei ist ähnlich zu der Paßwortdatei. Ein Zeileneintrag entspricht einer Gruppendefinition. Die einzelnen Gruppeneinträge sind wieder mit „:" voneinander getrennt, wobei die einzelnen vier Feldern folgendes bedeuten:

1. Das erste Feld enthält den Gruppennamen.

2. Falls die Gruppe durch ein zusätzliches Paßwort geschützt wird, so ist es verschlüsselt in diesem zweiten Feld enthalten.

3. Im dritten Feld wird die Gruppennummer gespeichert.

4. Im letzten Feld werden die Gruppenmitglieder durch Komma voneinander
   getrennt, aufgezählt.

Folgende Abbildung zeigt einen Ausschnitt aus einer typischen /etc/group
Datei:

```
#  more /etc/group
backup::19:
mem::20:
auth::21:auth
mmdf::22:mmdf
sysadmin::23:
nogroup::28:nouser
group::50:guest,britta,christoph,rosi,max
verw::102:britta,christoph,rosi,max
```

Die Gruppe 102, die im Feld der Beschreibung des Benutzers „max" eingetragen ist, besitzt den Namen „verw", kein Paßwort und enthält die Benutzer-
einträge „max", „britta", „rosi" und „christoph".


### 3.7.4 Dateisystem

Unter UNIX können andere Dateisysteme dynamisch in das bestehende eingehängt bzw. weggenommen werden. Für den Benutzer ist es nicht ersichtlich,
auf welchen Platten oder anderen Speichereinheiten (z.B. CD-Rom) das gesamte Dateisystem aufgeteilt ist, da die Zugriffe auf montierte Dateisysteme mit
den üblichen Befehlen erfolgen.
Der aktuelle Status der vorhandenen Dateisysteme wird in neueren UNIX-
Systemen in der Datei /etc/mnttab gespeichert. Mit folgenden Befehlen werden
Dateisysteme montiert bzw. demontiert:

**mount** (**mount** file system)
> *mount Gerät Verzeichnis*
> Erfolgt der Aufruf dieses Kommandos ohne Argumente, so werden die ak-
> tuell vorhandenen Dateisysteme aufgelistet.
> Soll ein neues Dateisystem in das vorhandene integriert werden, so muß
> der gesamte Pfad dieses Dateisystems als erstes Argument und die An-
> schlußstelle im bestehenden Dateisystem als zweites Argument angegeben
> werden. Die Anschlußstelle wird dabei durch die Wurzel des eingehängten
> Dateisystems überdeckt. Bezeichnet der Name /dev/cdrom das CD-Rom
> Laufwerk, so wird dieses mit der Anweisung

*mount /dev/cdrom /mnt*

unter das Verzeichnis /mnt eingehängt.

**umount** (**unmount** file system)
>  *umount Gerät*
>
> Mit diesem Befehl können montierte Dateisysteme wieder aus dem Dateisystembaum entfernt werden. Zu diesem Zeitpunkt dürfen keine Zugriffe mehr auf das abzuhängende Dateisystem stattfinden (z.B. darf sich kein Benutzer in diesem Verzeichnis befinden). Mit dem Befehl
>
> $$umount\ /dev/cdrom$$
>
> wird das CD-Rom Laufwerk demontiert.

**df** (disk free)
> Das *df* Kommando liefert Angaben über das Speicherungsvermögen von Dateisystemen. Zum Beispiel wird der gesamte, der belegte und freie Speicherplatz eines Dateisystems in Blöcken ausgegeben.

### 3.7.5 Datensicherung

Geänderte Daten sollten regelmäßig auf ein sicheres Medium wie Diskette oder Tape gespeichert und von diesen wieder restauriert werden können. Einige UNIX-Systeme bieten eigene Programme zum Archivieren von Daten, wie zum Beispiel SCO mit dem **pax**-Befehl. Ein wichtiges Kriterium für den Einsatz eines Archivierungsbefehls kann sein, daß die gespeicherten Daten auch von anderen UNIX-Systemen lesbar sind. Zwei Befehle, die auf nahezu jedem UNIX-System zu finden sind und diese Anforderungen erfüllen, sind der *tar* und der *cpio* (nicht in BSD Systemen):

**tar** (**ta**pe **ar**chiver)
> Der *tar*-Befehl ist der älteste Befehl zum Speichern und Wiederherstellen von Daten. Normalerweise werden mit diesem Befehl keine einzelnen Dateien sondern ganze Dateibäume von Platte auf Band und umgekehrt kopiert. Die Optionen dieses Befehles wurden in verschiedenen UNIX-Systemen erweitert. Die folgenden, in jedem System vorhandenen Optionen, realisieren den eigentlichen Verwendungszweck von **tar**:

> **-c** (create)
>> Erzeugt ein neues Archiv, allerdings werden auf dem Archiv vorhandene Daten überschrieben.

> **-v** (verbose)
>> Zeigt den Namen jeder Datei an, die kopiert wird.

> **-f** (file)
>> Das nächste Argument wird als Archivnamen interpretiert, falls diese Option angegeben wird. Andernfalls wird das voreingestellte („Default") Archiv angesprochen. Falls der angegebene Archivname „-" lautet, schreibt bzw. liest der Befehl die Daten nach **stdout** bzw. von **stdin**.

**-x** (extract)

Die angegebenen Dateien bzw. Dateibäume werden extrahiert. Bei Fehlen dieses Argumentes wird der gesamte Inhalt auf dem Archiv restauriert. Insbesondere behalten die Dateien ihre Zugriffsrechte, ihren Besitzer und das Datum der letzten Änderung.

**-t** (table)

Listet die Namen aller Dateien auf, die sich auf dem Archiv befinden.

Folgende Anweisung sichert beispielsweise alle Daten unter **home** auf ein Bandlaufgerät, das mit **/dev/streamer** angesprochen wird:

$$tar\ -cvf\ /dev/streamer\ /home$$

Analog werden die auf dem Band vorhandenen Daten mit dem Befehl

$$tar\ -xf\ /dev/streamer$$

an die beim Abspeichern festgelegte Stelle (**/home**) zurückgeschrieben.

**cpio** (copy in and out)

Dieser Befehl wird wie ein Filter verwendet, da von der Standardeingabedatei die zu speichernden Dateinamen gelesen und auf die Standardausgabedatei weitergeleitet werden. Im Unterschied zum *tar* kann das *cpio*-Kommando auch Muster in Dateinamen verarbeiten. Dieser Befehl eignet sich deshalb zum Abspeichern oder Restaurieren von Dateien, die einen ähnlichen Namen besitzen (bespielsweise zum Sichern aller Dateien mit der Endung .txt). Für die Sicherung ganzer Filesysteme ist der *tar*-Befehl geeigneter. Auch zu diesem Befehl stehen viele Optionen zur Verfügung, einige dieser lauten:

**-I**

Soll die Eingabe nicht aus der Standardeingabedatei gelesen werden, so wird das *cpio*-Kommando mit dieser Option aufgerufen.

**-O**

Die Ausgabe des *cpio* Kommandos erfolgt anstatt auf die Standardausgabedatei auf die Datei (oder auf das Gerät), das mit dieser Option angegeben wird.

**-v**

Die zu übertragenden Dateien werden angezeigt.

**-c**

Zusätzlich wird zu jeder Datei die Headerinformation in Asciiformat gelesen bzw. gespeichert.

Das *cpio*-Kommando im folgenden Beispiel sichert die gleichen Dateien wie der *tar*-Befehl im vorherigen.

$$find\ /home\ -print\ |\ cpio\ -ocv\ >\ /dev/streamer$$

Analog werden die auf dem Band vorhandenen Daten mit dem Befehl

$$cpio\ -icvBd\ <\ /dev/streamer$$

an die beim Abspeichern festgelegte Stelle (**/home**) zurückgeschrieben.

### 3.7.6 Herunterfahren des Systems

Ein DOS-Rechner kann im laufenden Betrieb abgeschaltet werden. Durch die
Datenpufferung in UNIX ist der identische Zustand von Dateien auf der Festplatte und im Arbeitsspeicher nicht gewährleistet. Deshalb kann es fatale Folgen
haben, wenn ein UNIX-Rechner im laufendem Betrieb abgeschaltet wird. Das
System muß mit dem */etc/shutdown* Befehl heruntergefahren werden. Da sich
die Optionen dieses Befehls in den einzelnen UNIX-Systemen unterscheiden
können, müssen sie für das jeweilige System in der Dokumentation nachgelesen
werden. Vor Ausführung dieses Kommandos sollte sichergestellt sein, daß keine
Benutzer mehr angemeldet sind (dies kann mit dem *who* Kommando festgestellt
werden).

# 4 Schlußwort

Die Aussagen dieses Buches, speziell der direkte Vergleich von DOS und UNIX, verdeutlichen neben vielen anderen Dingen auch die mittlerweile weithin akzeptierte Tatsache, daß die Ablösung von DOS längst überfällig ist. Neue Versionen können allenfalls die Standzeit älterer PCs durch eine letztmalige Annäherung an zeitgemäße Software-Standards verlängern. Windows 3.x und erst recht Windows NT sind jedoch nur auf modernen Maschinen sinnvoll einzusetzen, also auf Plattformen, die entweder bereits UNIX-tauglich sind oder leicht entsprechend aufgerüstet werden können.

Der eingangs erwähnte Vergleich von DOS und UNIX hat sich im Hauptteil dieses Buches auf die gegenwärtig aktuellen und verfügbaren Fassungen beider Systeme beschränkt, d.h. auf DOS 5.0 und Windows 3.x. Das bereits lange vor seiner offiziellen Freigabe vieldiskutierte Windows/NT wird sicher gegenüber dem jetzigen Stand von UNIX wieder aufgeholt haben, wie ja auch der Erfolg von Windows 3.0 nicht zuletzt auf die Übernahme UNIX-typischer Eigenschaften zurückzuführen ist. Der Vorteil, den UNIX durch seine ausgedehnte „Experimentierphase" und den mittlerweile ca. zehn Jahre langen Einsatz in der wissenschaftlich-technischen und wirtschaftlichen Praxis besitzt, kann aber nicht ohne weiteres kompensiert werden. Ein durchgehendes „Look and Feel" vom PC bis zum X-Terminal am großen UNIX-Server ist mit dem mittlerweile zum Quasi-Standard gewordenen **OSF/Motif** ebenfalls zu erreichen. Einschlägige Akzeptanzprobleme beim Umstieg auf eine andere Hardware sind damit bedeutend leichter zu bewältigen.

Ein abschließender Ausblick sollte sich jedoch nicht in erster Linie mit Vergangenheit und Gegenwart, sondern mit der Zukunft beschäftigen, d.h. in diesem Fall mit der Frage, welche Entwicklungsperspektiven Microsoft Windows und UNIX bieten. Vor dem Hintergrund, daß DOS — von seiner Frühzeit einmal abgesehen — nie die Spitze des softwaretechnischen Fortschritts markiert hat und auch Windows bis zu einem gewissen Grad eine Adaption von UNIX darstellt, fällt es schwer zu glauben, daß Windows NT plötzlich die treibende Kraft der Software-Innovation werden soll. Dieser Umstand rührt nicht nur von den ebengenannten, eher historischen Gründen her, sondern auch aus der allgemein bekannten Tatsache, daß Monopole zur Trägheit neigen, während Konkurrenz das Geschäft belebt.

Der Aussage am Ende des vorangegangenen Abschnitts kann man entgegnen, daß Innovation gar nicht notwendig ist, solange man mit den bestehenden

Rahmenbedingungen gut leben kann. Je einheitlicher diese sind, umso leichter fällt es auch, damit zurechtzukommen. Für den Spezialfall „Computereinsatz" bedeutet das, daß proprietäre Lösungen durchaus weniger Aufwand erfordern können als der Einsatz offener Systeme. Inwieweit der Preis für die Freiheit, Hard- und Softwareplattformen auch nach dem Erstkauf weitgehend frei wählen zu können, in einer vernünftigen Relation zum damit erzielbaren Nutzen steht, muß jede für den Rechnereinsatz verantwortliche Person selbst entscheiden. Zu kurzfristig sollte man dabei freilich nicht denken, obwohl es schwerfällt, Geld für das Offenhalten von Möglichkeiten auszugeben, bei denen man eigentlich nur deren Fehlen bemerkt — nämlich dann, wenn die zuvor bequemere Lösung mangels Ausbaumöglichkeiten definitiv zu eng geworden ist.

Am Ende eines Buches, das viele Aspekte zweier Betriebssysteme z.T. recht detailliert beleuchtet hat, mag ein eher historisch denn technisch gefärbtes Schlußwort überraschen. Da Hard- und Software jedoch von Menschen und letztlich auch für Menschen entwickelt werden, erkennt man bei einem Blick in die Geschichte mitunter verblüffende Parallelen zu gegenwärtigen Trends.

Als „Vorlage" für die Computerentwicklung dient dabei oft die des Automobils. Auch der Begriff „Innovation", von dem hier wiederholt die Rede war, läßt sich an diesem Beispiel recht gut diskutieren. Sehr abweichende Meinungen findet man etwa zu der Frage, ob man die Erfindung des Airbags oder seinen serienmäßigen Einbau als Innovation bezeichnen soll. Während man bei solchen — im wahrsten Sinne des Wortes — lebenswichtigen Dingen berechtigterweise der zweiten Aussage zustimmen wird, sieht die Sache bei elektrischen Dachöffern, Türschließern etc. wohl etwas anders aus. Besonders zweifelhaft erscheinen solche Detailverbesserungen vor dem Hintergrund, daß es an Konzepten für drängendere Probleme wie beispielsweise die Verbrauchssenkung mangelt und niemand ernsthaft daran denkt, den im Prinzip seit über 100 Jahren im Einsatz befindlichen Ottomotor abzulösen.

Abstrakter gesprochen scheint ein technologischer Entwicklungsprozeß durch den Markterfolg seiner eigenen Produkte an Dynamik zu verlieren, da mit der Zunahme der Verbreitung die Risikobereitschaft abnimmt. In einem verschärften, mitunter sogar ruinösen Wettbewerb überlebt es sich eben leichter, wenn man die Ausgaben für Forschung und Entwicklung kürzt und statt dessen versucht, den Fortschritt durch Nachahmung anderer zu erzielen oder mit Hilfe von Modetrends und kosmetischen Neuerungen vorzutäuschen.
Ein derartiger Prozeß verläuft aber auf Kosten der Substanz, d.h. des ursprünglich in einer Erfindung steckenden geistigen Potentials. Wenn keine Freiräume für Experimente mehr bleiben — d.h. ein zu geringer Anteil der erwirtschafteten Mittel zum Erhalt des geistigen Vorsprungs eingesetzt wird, ist dieser irgendwann aufgezehrt und der Fortschritt läuft sich tot. Besonders groß ist die Versuchung, einen solchen Weg einzuschlagen dann, wenn man sich im Grund mit niemandem mehr zu messen braucht.

Zur Zeit zeichnen sich im Software-Bereich Vorgänge ab, die in das eben skizzierte Schema passen. Wenn man bedenkt, daß eine Generation beim Menschen 30 Jahre, beim Computer dagegen nur drei Jahre umfaßt, kann man die etwa zehn Jahre seit der Entstehung des PCs durchaus mit den hundert der Automobilgeschichte gleichsetzen. Das Ende des UNIX-Projekts in Berkeley, das in der Vergangenheit mit die bedeutendsten Entwicklungsimpulse für UNIX lieferte, sollte in seiner Bedeutung als Alarmzeichen nicht unterschätzt werden, auch wenn sich zahlreiche UNIX-Anbieter mittlerweile selbst intensiver um ihre Systeme kümmern.

Die Leistungsfähigkeit der Hardware vergrößert sich weiter mit atemberaubender Geschwindigkeit. Die Komplexität der Aufgaben beim Computereinsatz tut dies allerdings auch. Ohne Investionen in die Zukunft werden wir irgendwann mit Datenverarbeitungsproblemen konfrontiert sein, von denen zwar fast jeder weiß, daß sie grundsätzlich in Angriff genommen werden könnten, die wirtschaftlichen Rahmenbedingungen dies aber nicht zulassen. Deshalb brauchen wir für die zukünftigen Hochleistungsmaschinen keine „Super-Klasse Software", die zwar kaum noch Ecken und Kanten hat, aber letztlich nur den Status Quo zur höchsten Vollendung bringt, sondern eine, in der heute schon die Ideen von morgen stecken, damit wir die von übermorgen damit entwickeln können.

# A Tips zur Durchführung des Umstiegs

## A.1 Technische Voraussetzungen

### A.1.1 Allgemeines

Auch für UNIX-Systeme gilt die Grundregel, daß man den Verwendungszweck und die wichtigsten Arbeits-Kenndaten (Benutzerzahl, Platzbedarf der Applikationsprogramme und Daten) des zukünftigen Rechners vor der Kaufentscheidung kennen sollte. Welche Hardware beschafft wird, richtet sich also nach der Software. Bei PC-basierten UNIX-Implementierungen muß auch das Betriebssystem selbst in diese Überlegungen einbezogen werden, da die mittlerweile unübersehbare Vielfalt im Bereich der PC-Hardware ansonsten leicht zum Kauf von Erweiterungskarten verleitet, die gar nicht oder nur bei verminderter Leistung unterstützt werden. Die sog. *Hardware-Kompatibilitätsliste* des UNIX-Herstellers ist unbedingt zu Rate zu ziehen, im Zweifelsfall sollte man mit dem Computer-Händler ein Umtauschrecht wenigstens für Graphik- und Netzwerkkarte vereinbaren.

Ganz besondere Sorgfalt und eine u.U. längere Suche nach der richtigen UNIX-Plattform sind vonnöten, wenn Spezialhardware wie Scanner, Graphiktabletts oder Video-Digitalisierer eingesetzt werden sollen. Im PC-Bereich werden die dafür erforderlichen Anschlußkarten oft nur von DOS- bzw. Windows-Programmen unterstützt. Das DOS-Manko des fehlenden Speicherschutzes wirkt sich hier ausnahmsweise positiv aus, weil der Aufwand für die Entwicklung einschlägiger UNIX-Treiber höher ist. Wenn das für die geplante Aufgabe am besten geeignete Gerät nur im Rahmen einer PC-Lösung zur Verfügung steht oder die Workstation-Variante erheblich teurer wäre, kann man ggf. den DOS-PC in das UNIX-Netz einbinden.

### A.1.2 CPU-Leistung

Soll bestehende PC-Hardware unter UNIX weiterverwendet werden, stellt sich meist die Frage, ob die Performance der Maschine ausreichend ist. Für das am weitesten verbreitete System (SCO) läßt sich anhand von praktischen Erfahrungen die Faustregel aufstellen, daß eine für Windows 3.x ausreichende CPU-Leistung auch für UNIX genügt. Sofern nur kleinere Applikationen im Textmodus mit ein bis zwei Benutzern gefahren werden, genügt auch der für Windows passende Hauptspeicherausbau. Das ändert sich allerdings deutlich, sobald eine graphische Oberfläche zum Einsatz kommt. Für ODT (mit einem Benutzer an der Konsole) sollte man getrost die doppelte RAM-Kapazität einplanen, die Windows erfordern würde, für jedes angeschlossene X-Terminal zwei weitere MByte. Diese Zahl beruht auf der Annahme, daß i.w. Standard-UNIX-Tools parallel in bis zu vier Fenstern benutzt werden. Beim Einsatz anspruchsvoller Applikationen (z.B. Desktop Publishing) ist hinsichtlich des Speicherbedarfs deren Dokumentation einzusehen.

Bei Benutzung graphischer Oberflächen summiert sich der erforderliche Speicherausbau somit leicht in eine Größenordnung, die den Einsatz eines Microchannel- oder EISA-Rechners erfordert. Will man sich in diesem Fall noch Leistungsreserven offenhalten, sollte man besser den Umstieg auf eine Workstation in Betracht ziehen. Im Bereich der RISC-Hardware ist es um die Skalierbarkeit binärkompatibler Systeme deutlich besser bestellt als bei der PC-Architektur.

### A.1.3 Festplattenbedarf

Aus den Unterlagen des UNIX-Herstellers geht i.a. auch der Platzbedarf des installierten Systems auf der Festplatte hervor. 200 MByte sind aber in jedem Fall die unterste Grenze, typische Festplatten in einem Einzelplatz-UNIX-Rechner bewegen sich zwischen 400 MByte und 1 GByte. Außer für kleine Einzelplatz-Lösungen auf PC-Basis, bei denen man auch mit IDE-Platten gut bedient ist, sollte man für UNIX auf SCSI-Geräte zurückgreifen.

Ein anderer Aspekt der Plattenverwaltung unter UNIX betrifft die Größen der einzurichtenden Dateisysteme. Nur AIX und OSF/1 besitzen derzeit Mechanismen, ein einmal eingerichtetes Dateisystem ohne Neustart der Maschine vergrößern zu können. Bei anderen UNIX-Derivaten erfordert ein solches Vorhaben eine u.U. weitreichende Datensicherung und ein Ändern der Plattenaufteilung. Anschließend müssen neue Dateisysteme erzeugt („High-Level-Formatierung") und die vorher angefertigten Backups wieder eingespielt werden. Eine Vergrößerung des Paging-Bereichs erfordert bei solchen Systemen zwar meist keine Datensicherung, ein Neustart des Rechners ist aber oft trotzdem notwendig.

Wenn auf einer Anlage Rechenprozesse mit einer Laufzeit von mehreren Tagen oder gar Wochen abgearbeitet werden sollen, ist entweder eine genaue und im Zweifelsfall lieber zu großzügige Planung der Platteneinteilung oder die Benutzung eines in dieser Hinsicht flexiblen UNIX-Systems erforderlich.

### A.1.4 Datensicherungsgeräte

Angesichts der ebengenannten Plattengrößen kommt dem Sicherungsmedium eine besondere Bedeutung zu. Datensicherung auf Disketten ist bei den vorherrschenden Größenordnungen nicht praktikabel. Die im DOS-Bereich immer häufiger als Sicherungsmedium anzutreffenden Wechselplatten-Laufwerke erfreuen sich unter UNIX eher geringer Beliebtheit, da sich die einzelnen UNIX-Derivate beim internen Aufbau des Dateisystems oft unterscheiden. Unter einem bestimmten System beschriebene Wechselplatten können damit nur auf gleichartigen Systemen wieder gelesen werden und eignen sich demzufolge nur bedingt für den Transfer großer Datenmengen oder den Software-Vertrieb, wo auch unter UNIX mittlerweile die CD-ROM Fuß gefaßt hat.

Standardmedium zur Sicherung und zum Austausch von Daten sind daher unter UNIX Streamerkassetten, deren populärste Kapazitäten zur Zeit 150 bzw. 525 MByte betragen. Reicht das nicht aus — etwa weil der Backup ohne Eingriffe ablaufen soll — stehen Laufwerke zur Verfügung, die auf Kassetten mit gleichen Abmessungen wie bei DAT- oder Video8-Recordern bis zu zwei, neuerdings auch acht GByte unterbringen können. **Auf die Qualität der verwendeten Datenträger muß dabei aber unbedingt geachtet werden!** Speziell für DATs gilt, daß handelsübliche Bänder zur Tonaufzeichnung den wesentlich höheren mechanischen Belastungen in den Computer-Laufwerken nicht wochen- oder monatelang standhalten können.

### A.1.5 Netzwerk

Für lokale Vernetzung kommt unter UNIX üblicherweise Ethernet zum Einsatz, AIX und UnixWare unterstützen auch Token Ring. Die Übernahme einer vorhandenen ArcNet-Hardware wird dagegen kaum möglich sein. Auch bezüglich der Netzwerkkarten ist ein rechtzeitiger Blick in die Hardware-Kompatibilitätsliste des UNIX- oder aber des Kartenherstellers dringend anzuraten.

Die Netzwerk-Teilprodukte fast aller heute erhältlichen UNIX-Systeme enthalten mittlerweile den Code für das **Serial Line Internet Protocol**, das es erlaubt, die unter UNIX üblichen Netzwerkdienste über eine serielle Leitung und ggf. über zwei Modems zu benutzen.

Kommerzielle UNIX-Systeme bieten ferner Unterstützung für Hochgeschwindigkeits- und Weitbereichsnetze. Neben der rein hardwaretechnischen Seite muß hierbei aber vor allem der organisatorische und rechtliche Aspekt geklärt werden, d.h. von welchem Netzwerkanbieter man Dienste wie die Weiterleitung elektronischer Post zu welchen Tarifen mietet.

### A.1.6 Sicherheit

Spätestens bei Verarbeitung personenbezogener Daten müssen allein schon aus rechtlichen Gründen UNIX-Systeme verwendet werden, die den im Gesetz geforderten Sicherheitsstufen nach dem *Orange Book* genügen. Dabei ist zu beachten, daß die einschlägigen Vorschriften nicht nur Anforderungen an die Software, sondern auch an das Umfeld stellen (z.B. Aufstellung des Rechners in einem normalerweise verschlossenen Raum).

## A.2 Personelle Voraussetzungen

Die vielzitierten menschlichen Ressourcen müssen für einen erfolgreichen
Rechner-Einsatz mindestens genauso gut vorbereitet sein wie die technischen.
Auf UNIX bezogen bedeutet das beispielsweise, daß die mit Systemverwaltung
und Operating betrauten Personen bereits vor der Anschaffung der UNIX-
Systeme benannt worden sein sollten. Anfänglichen Problemen bei UNIX-
Neulingen sollte durch entsprechende Schulungen begegnet werden.

Wie im vorausgegangenen Abschnitt bereits angeklungen ist, besteht bei
UNIX (abgesehen von kleinen Mehrplatz- und Einzelplatzanlagen) genauso wie
bei anderen Betriebssystemen ein Unterschied zwischen Systemverwaltung (*Administration*) und Systembedienung (*Operating*). Im Gegensatz zu verbreiteten Vorurteilen lassen sich die beiden Bereiche auch unter UNIX sauber trennen. Dies ist insbesondere aus Sicherheitsgründen sinnvoll, da die Kenntnis des
Superuser-Paßwortes möglichst wenigen Personen vorbehalten sein sollte. Mit
etwas Konfigurations- und Programmieraufwand seitens des Systemverwalters
kann beispielsweise für eine Operator-Kennung ein die Standard-Shell ersetzendes, menügeführtes Programm bereitgestellt werden, das zwar mit Superuser-
Berechtigung läuft, aber nur wenige privilegierte Funktionen wie z.B. das Stoppen und Starten von Drucker-Warteschlangen und das Anstoßen des System-
Backups anbietet.


## A.3 Was leisten Hilfsprogramme zur Systemverwaltung?

Nahezu jedes kommerzielle UNIX-System bietet mittlerweile eine Reihe von
Tools und oft auch eine menügeführte Oberfläche zu deren Zusammenfassung
an, um damit die Systemverwaltungsaufgaben zu erleichtern. Vor allem UNIX-
Neulingen wird auf diese Weise die größte Einstiegshürde beseite geräumt, da
die unerläßlichen Mindestaufgaben (Anlegen von Dateisystemen, Einstellen des
Hostnamens, Einrichten von Benutzerkennungen) keine besonderen Schwierigkeiten mehr darstellen. Falls aber an den Einsatz von plattenlosen Workstations,
Netzwerkdruckern, Weitbereichsnetzen etc. gedacht ist oder aber besondere
Sicherheitsanforderungen bestehen, sollte man am Aufwand für eine entsprechende Systemverwalterschulung nicht sparen. Jede später durch Unkenntnis
verursachte Betriebsunterbrechung ist teurer!

In jedem Fall darf der verbesserte Komfort, den Systemverwaltungsoberflächen bieten, nicht zu der Annahme verleiten, solche Programme würden das
meiste von selbst machen. Beim Einsatz eines heterogenen Netzes können sich
derartige Tools sogar eher zum Hemmschuh entwickeln, weil die Menüstrukturen und z.T. auch die Begriffswahl derzeit von Hersteller zu Hersteller
völlig uneinheitlich sind. Manche Systemverwaltungsoberflächen benutzen neben den typischen, in früheren UNIX-Versionen allein ausschlaggebenden UNIX-
Konfigurationsdateien eigene Datenbanken, aus deren Inhalten die betreffenden

Konfigurationsdateien beim Beenden des Hilfsprogramms generiert werden. Dadurch verbietet sich selbst für die meisten UNIX-Profis die ansonsten bevorzugte Methode, die notwendigen Änderungen direkt von Hand einzubauen.
Die vorausgegangenen Sätze bedeuten nicht, daß es sich bei Administrationshilfen um unnötigen Ballast handelt. UNIX-Neulinge können ein System oft nur auf diese Weise kontrollieren. Man muß aber bedenken, daß für kompliziertere Aufgaben vor allem bei vernetzten Geräten ein ähnlicher Einarbeitungsaufwand erforderlich ist, wie bei komplexen Anwendungsprogrammen bzw. deren Kopplung.

## A.4 Können Produkte wie DOS Merge beim Umstieg helfen?

Der derzeitige technische Stand der angesprochenen Produkte läßt auf die in der Überschrift gestellte Frage eine relativ klare Antwort zu: Beim Umstieg ja, danach nein. Typischerweise bieten Emulationsprogramme unter UNIX nicht die Performance, wie sie die gleiche Hardware unmittelbar unter DOS bzw. Windows bereitstellen könnte. Der Unterschied fällt vor allem bei CPU-intensiven Programmen und weniger bei Plattenzugriffen auf, da letztere u.U. vom Caching-Mechanismus von UNIX profitieren können. Aussagen über die typische Verlangsamung von DOS-Programmen lassen sich daher nur schwer machen. Die Benutzung von Windows ist jedoch allenfalls im *Real Mode* möglich, was lediglich den Einsatz von Windows 3.0, nicht aber von 3.1 oder höheren Versionen zuläßt. Eine Integration von Windows-Programmen unter X11 ähnlich dem „Seamless Windows"-Feature von OS/2 steht nicht zu Verfügung. Expanded Memory wird aber mittlerweile über entsprechende Treiber zur Verfügung gestellt, die sich in Wirklichkeit bei der Speicherverwaltung von UNIX bedienen.

Die Tatsache, daß DOS-Emulatoren das UNIX-Dateisystem — wenn auch unter Verkürzung zu langer Dateinamen — als DOS-Laufwerk zur Verfügung stellen, kann eine sehr große Hilfe bei der Datenübernahme in UNIX-Applikationen sein. Alternativ kann so etwas zwar mit Netzwerksoftware (z.B. PC-NFS oder TCP/IP & NFS for DOS) bewerkstelligt werden, falls eine solche aber nicht bereits vorhanden war, schafft man sich mit Programmen wie DOS Merge die bessere Brücke, da DOS damit selbst nach einer eventuellen Uminstallation aller Rechner noch zur Verfügung steht. Auch wenn man weiterhin seinen Lieblingseditor verwenden oder ein nur selten benötigtes DOS-Programm nicht auch in einer UNIX-Version kaufen möchte, sind DOS-Emulatoren das Mittel der Wahl.

## A.5 Häufige Sicherheitslöcher

Die vor einigen Jahren durch die Medien gegangenen Berichte von spektakulären Hacker-Einbrüchen haben zeitweise zu dem Eindruck geführt, UNIX sei generell mit Sicherheitsmängeln behaftet. Tatsache ist, daß es bei der Übernahme von neuen, an Universitäten entstandenen Features in kommerzielle Systeme wegen des großen Umfangs der betroffenen Programme nicht immer möglich war, deren Quellcode vollständig durchzugehen, ehe man die übersetzten Versionen an die Kunden weitergab. Auf diese Weise fanden Relikte aus der Entwicklungsphase ihren Weg in die Endprodukte. Prominentestes Beispiel für ein dadurch entstandenes Sicherheitsloch ist das unter der Bezeichnung *sendmail-Hack* bekanntgewordene Eindringen eines Studenten in zahlreiche im Internet befindliche Rechner. Der „Hacker" hatte herausgefunden, daß beim neuen Programm zur Versendung elektronischer Post eine vom Autor für die Fehlerbehebung vorgesehene Möglichkeit zur Befehlsausführung mit `root`-Berechtigung nicht entfernt worden war. Speziell dieses Vorkommnis hat aber zu einer deutlichen Sensibilisierung im Hinblick auf den Einbau fremden Quellcodes geführt, in deren Folge vergleichbare Fälle nicht mehr vorgekommen sind.

Einbrüche in UNIX-Systeme erfolgen aber meist nicht mit so viel intellektuellem Einsatz wie in diesem Fall, sondern über Sicherheitslöcher, die durch alltägliche Unaufmerksamkeit oder Wissenslücken bei der Systemverwaltung entstehen. Die folgende Zusamenstellung nennt die wichtigsten Schwachstellen:

- Kennungen ausgeschiedener Benutzer

- „Ausloggen vergessen"

- Ideenlose Festlegung von Paßwörtern .

- Lesbare Systemdateien, z.B. `/etc/passwd` (sofern darin die gecrypteten Paßwörter stehen) oder `/dev/kmem`

- setuid-Skripten (siehe Glossar: *IFS-Variable*)

- „Unsichere" Verzeichnisse im Suchpfad (siehe Glossar: *Trojanische Pferde*)

- Nichtgebrauch von **NIS** (Network Information Services — siehe Glossar) bzw. „wildes" Einhängen von Maschinen, deren Systemverwaltung nicht vertrauenswürdig ist.

- Zu großzügige Zugriffsrechte auf das eigene X-Windows-Display (Tastenbetätigungen können protokolliert werden)

- Belauschen des Netzverkehrs (nicht allein ein UNIX-Problem)

Unberechtigte Zugriffe z.B. auf den eigenen X-Server lassen sich durch „Aussperren" ganzer Rechner (`xhost`-Befehl) oder durch vergleichsweise einfache Authentisierungsmethoden — eine Art von Paßwortvergabe auf der Ebene von Datenpaketen — verhindern (`xauth`-Kommando). Gegen „Mithörer" im Netzwerk hilft nur eine Verschlüsselung der gesamten Übertragung. Da der dafür verwendete Algorithmus **DES** (**D**ata **E**ncryption **S**tandard) jedoch Ausfuhrbeschränkungen durch die US-Gesetzgebung unterliegt, spielen UNIX-Systeme mit Möglichkeiten der letztgenannten Art noch keine bedeutende Rolle.

# Literatur


[1] Bach Domann: *UNIX Tabellenbuch*, Hanser, 1986

[2] Stephen R. Bourne: *Das UNIX System V*, Addison-Wesley, Nachdruck 1989

[3] Martin Cheek: *Feudaler Abschied: Die Geschichte des Berkeley-UNIX*, iX-Magazin 9'92

[4] Robert X. Cringely: *Unternehmen Zufall (orig.: Accidental Empires)*, Addison-Wesley, erste Auflage 1992

[5] Harvey M. Deitel: *An Introduction to Operating Systems*, Addison-Wesley, revised first edition 1984

[6] James Gardner: *Learning UNIX*, SAMS, First Edition 1991

[7] Peter Norton: *The Norton Disk Companion*, Peter Norton Programming Inc., 1988

[8] Jürgen Gulbins: *UNIX*, Springer-Verlag, zweite Auflage 1988

[9] Brian W.Kernighan Rob Pike: *The UNIX Programming Environment*, Prentice-Hall Software Series, 1984

[10] InterFace Computer: *UNIX-Grundlagen und Shellprogrammierung*, Schulungsunterlagen der InterFace Computer GmbH, 1992

[11] InterFace Computer: *UNIX-Systemverwaltung*, Schulungsunterlagen der InterFace Computer GmbH, 1992

[12] Hauke Richter: *UNIX Systemverwaltung*, Addison-Wesley, 1991

[13] Heinrich Welter: *SCO-UNIX Anwendung und Systemverwaltung*, Addison-Wesley, 1991

[14] Christine Wolfinger: *Keine Angst vor UNIX*, VDI Verlag, 5. Auflage 1991

# Glossar

**ARP**

Abkürzung für *Address Resolution Protocol*. ARP übernimmt in einem lokalen Netzwerk die Aufgabe, höhere und hardwarenahe Adressen einander zuzuordnen. So „weiß" ARP beispielsweise, daß in dem Rechner mit der Internet-Adresse 192.76.149.130 eine Ethernetkarte mit der Kennung 00:60:8C:C0:34:22 steckt. Die für die Zuordnung erforderlichen internen Informationen hält ARP automatisch auf dem neuesten Stand.
*siehe auch IP*

**CISC**

Abkürzung für *Complex Instruction Set Computer*. Bis Anfang der achtziger Jahre war der Hauptspeicher bei Computern ein vergleichsweise teurer Bestandteil. Im Sinne der Kostenersparnis wurden daher die Prozessoren so entworfen, daß sie für möglichst viele Spezialfälle, die bei der Abarbeitung von Programmcode denkbar sind, eine einzige, genau passende Maschinenanweisung besaßen. Das daraus resultierende, komplizierte CPU-Design ging jedoch zu Lasten der Arbeitsgeschwindigkeit. Darüber hinaus hatten Untersuchungen ergeben, daß ein typisches Programm zu über 90% nur aus einer kleinen Menge von einfachen Maschinenbefehlen besteht. Die Konsequenz dieser Erkenntnisse war die Entwicklung von RISC-Prozessoren (*Reduced Instruction Set Computer*), die sich darauf konzentrierten, die Anweisungen des 90%-Anteils möglichst rasch abzuarbeiten.

Mit Ausnahme des PC-Bereichs haben die RISC-Prozessoren ihre CISC-Vorgänger mittlerweile aus nahezu allen UNIX-Systemen verdrängt. Die verbreitetsten Typen sind **SPARC** (Scalable Processor Architecture) von SUN, **R4000** von Mips, **RS/6000** von IBM und **Alpha** von DEC. Wo wie bei Intels 80x86-Serie auf Kompatibilität mit früherem CISC-Code nicht verzichtet werden kann, wird mittlerweile wenigstens der zuvor angesprochene „Kern" des Befehlssatzes in RISC-Technologie realisiert, wie dies beim **Pentium** der Fall ist.

**Client**

Ein Prozeß, der mit einem anderen, als **Server** bezeichneten Prozeß über eine definierte Schnittstelle kommuniziert, um bestimmte vom Server be-

reitgestellte Dienstleistungen in Anspruch zu nehmen. Die Bezeichnungen werden häufig von den Prozessen auf die diese ausführenden Maschinen übertragen.
*vgl. File-Server*

## Compute-Server

Eine sehr leistungsstarke Maschine, die rechenintensiven Aufgaben — etwa in der numerischen Mathematik — vorbehalten ist und üblicherweise ihre Aufgaben sowie die erforderlichen Daten über ein Netzwerk von anderen Rechnern aus (also nicht direkt über angeschlossene Terminals) erhält. Compute-Server haben gegenüber einer Verteilung von Aufgaben auf vernetzte Workstations Performancevorteile, weil Arbeitsplatzrechner oft durch Ein- und Ausgabe (vor allem über den Graphikbildschirm) belastet sind und das Umschalten zwischen dem im Hintergrund befindlichen Rechenprozeß und der Ausgabeaktivität aufwendig ist. Falls es jedoch im lokalen Netz stets einige unbenutzte Workstations (z.B. wegen auswärts tätiger Mitarbeiter) gibt, kann man i.a. auf einen Compute-Server verzichten. Allerdings ist ein solches Vorgehen nur mit entsprechender Unterstützungssoftware wie OSF/DCE sinnvoll, während man beim Einsatz von Compute-Servern u.U. mit den unter UNIX standardmäßig vorhandenen Netzwerkfähigkeiten auskommt. In jedem Fall läßt sich Rechenlastverlagerung nur mit UNIX realisieren, bei DOS-Netzen müssen Programme stets lokal ausgeführt werden.

## Echtzeitfähigkeit

Darunter versteht man die garantierte Eigenschaft eines Betriebssystems bzw. der darauf laufenden Programme, innerhalb vorgegebener, i.a. recht kurzer Zeitintervalle auf äußere Ereignisse reagieren zu können. Echtzeitbetriebssysteme wie OS/9 für Rechner mit Motorola-CPUs werden typischerweise für Aufgaben wie Maschinensteuerung benötigt. Der kritische Punkt beim Design eines solchen Betriebssystems ist die Methode, nach der die CPU den einzelnen Prozessen zugeteilt wird. Da UNIX viele Jahre lang ein möglichst einfaches Verfahren zur eher ausgewogenen CPU-Vergabe enthielt und es keinen Weg gab, das Auslagern von gerade inaktiven Prozessen auf die Festplatte zu verhindern, ließ sich die Einhaltung der eingangs angesprochenen Zeitlimits nicht garantieren. Erst seit etwa 1990 werden auch UNIX-Derivate angeboten, die sich für Realzeitanwendungen konfigurieren lassen.
*siehe auch Scheduling*

## File-Server

Ein mit großen Festplatten ausgestatteter Rechner, der diese Speicherkapazität über ein Netzwerk anderen Maschinen zugänglich macht und den Zugriff über ein System von Berechtigungen regelt. Speziell bei DOS-Netzen unterscheidet man zwischen zentralisierten und sog. *Peer-to-Peer*-Netzen. Während bei ersteren praktisch alle Daten auf einer oder wenigen

Maschinen gehalten werden, fungieren beim zweiten Ansatz die beteiligten Rechner sowohl als Server als auch als Clients, insbesondere werden sie durch die Serverfunktionen nicht vollständig beansprucht (*nicht-dedizierte Server*). Das unter UNIX verbreitete *Network File System (NFS)* arbeitet ebenfalls nach dem letztgenannten Verfahren.

**IFS**

Eine in jeder UNIX-Shell vorhandene Variable, die bei der Analyse einer Befehlszeile zur Festlegung der Wortgrenzen verwendet wird. Im Normalfall enthält IFS die sog. *Whitespace-* oder *Zwischenraum-Zeichen*, also „Leerzeichen", „Tabulator" und „Zeilenvorschub". Da man mitunter innerhalb von Shell-Scripts einen Mechanismus benötigt, Zeichenfolgen an anderen „Trennstellen" (z.B. UNIX-Pfadnamen an den enthaltenen Schrägstrichen) zu zerlegen, kann der Inhalt der IFS-Variablen geändert werden. Im Normalfall wird man das sehr schnell rückgängig machen, um wieder eine normale Befehlsausführung sicherzustellen. Da die Belegung von IFS aber auch bei setuid-Programmen — d.h. solchen, die mit den Rechten ihres Eigentümers statt mit denen des Aufrufers laufen — aus den Umgebungsvariablen des aufrufenden Prozesses geerbt werden kann, ist es möglich, die in den betroffenen Shell-Script enthaltenen Befehle auf eine Art interpretieren zu lassen, die der Programmierer nicht im Sinn hatte. Obwohl das „angegriffene" Shell-Script im Endeffekt höchstwahrscheinlich abstürzen wird, kann es vorher durch die Fehlinterpretation irgendwelcher Zeichenfolgen zum Aufruf von Programmen kommen, die der „Angreifer" bereitgestellt hat und dann mit den Rechten laufen, die eigentlich nur das Shell-Script haben sollte.

Mit der Leistungsfähigkeit eines Befehlsinterpreters erweitern sich auch die Möglichkeiten, durch gerissene Ausnutzung normaler Eigenschaften überraschende Effekte zu erzielen. Aus diesem Grunde sollte man **von der Verwendung von setuid-Scripts Abstand nehmen!** Neuere UNIX-Systeme respektieren die setuid-Markierung ohnehin nur noch bei kompilierten Programmen, da dabei die Schwachstellen überschaubar sind.
*siehe Trojanische Pferde*

**Inferenzmechanismus**

Ein Verfahren, um logische Schlußfolgerungen zu ziehen. Dies erfolgt typischerweise durch Anwendung von Regeln auf eine bestehende Wissensbasis. Eine aus den drei ebengenannten Komponenten bestehende Anwendung wird auch als *Expertensystem* bezeichnet. Für die konkrete Durchführung des Schlußfolgerungsprozesses sind dank intensiver Forschungstätigkeit bereits eine Reihe von Verfahren bekannt. Dazu gehört beispielsweise die sog. *Resolution*, die auf der Idee des Widerspruchsbeweises beruht und in einer besonders einfachen und deshalb effizient zu implementierenden Variante das Funktionsprinzip der Sprache **Prolog** darstellt.

## IP

Abkürzung für *Internet Protocol*. IP verkörpert eine Schnittstelle zwischen den hardwarenäheren und den höheren Protokollen auf einem Netzwerk, das Daten in Paketen überträgt (*packet switched network*). IP stellt dabei den Mechanismus zur Verfügung, um solche Pakete unter Benutzung von ARP mit netzwerkweit eindeutigen Adressen fester Länge von Quell- und Zielrechner zu versehen und zuzustellen.

IP selbst sorgt nicht für die Sicherheit der Übertragung, insbesondere prüft es nicht nach, ob abgeschickte Pakete evtl. gar nicht oder mit verfälschtem Inhalt ankommen. Solche Aufgaben müssen von übergeordneten Protokollen wahrgenommen werden, die unmittelbar auf IP aufsetzen.
*siehe TCP, UDP*

## ISAM

Abkürzung für *Index Sequential Access Method*. Dabei handelt es sich um ein Verfahren, die Grundaufgabe von Datenbanksystemen zu lösen, nämlich zu einem gegebenen Schlüssel (z.B. einer Artikelnummer) möglichst effektiv die diesem zugeordnete Information (z.B. Artikelbezeichnung, Preis etc.) zu finden. Diese Daten werden üblicherweise sortiert in Blöcken auf der Platte gespeichert. Trotz ihrer Sortierung (*sequentielle Organisation*) wäre ein primitives Durchsuchen dieser Daten erheblich zu zeitintensiv. ISAM benutzt daher zusätzlich eine sortierte, als Index bezeichnete Liste, die aus dem jeweils größten Schlüsselwert pro Block und der Lage des Blocks auf der Platte besteht.

Eine Bibliothek, die dem Programmierer elementare Datenbankfunktionen auf ISAM-Basis zur Verfügung stellt, muß insbesondere die Probleme des Einfügens und Löschens von Datensätzen sowie der Verwaltung großer Datenmengen effizient lösen, wofür bereits eine Reihe von verfahrenstechnischen Verfeinerungen exisitieren.

## Konsole

Im allgemeinen Sinne bezeichnet *Konsole* ein Sichtgerät, über das mit einem angeschlossenen Rechner kommuniziert werden kann. In der UNIX-Welt steht das Wort aber für das „Hauptterminal" eines UNIX-Systems, auf dem nach dem Einschalten und bei besonderen Ereignissen Meldungen erscheinen und das speziell bei Verwendung höherer Sicherheitsstufen oft als einziges für Wartungsarbeiten verwendet werden kann. Bei UNIX-Systemen für PCs und kleinere Workstations bilden typischerweise die direkt am Rechner angeschlossene Tastatur und der Bildschirm die Konsole. Werden diese (z.B. durch Umschaltmöglichkeit via Funktionstaste) quasi vervielfältigt, so ist einer der so entstandenen *virtuellen Bildschirme* als Konsole ausgezeichnet. Die meisten Workstations erlauben es aber auch, ein an einer seriellen Schnittstelle angeschlossenes Terminal als Konsole zu definieren, damit der „beste" Bildschirm des Systems nicht für

Verwaltungsaufgaben beansprucht werden muß, die in der Regel keine graphikfähigen Sichtgeräte erfordern.

## Lizenz

Mit dem Erwerb eines Programmpaketes erhält der Käufer typischerweise ein auf einen engen Kreis — oftmals nur eine einzige Person — beschränktes Nutzungsrecht. Software ist in diesem Sinne ähnlich wie ein Buch zu gebrauchen, das immer nur von einer Person gleichzeitig gelesen werden kann. Bei Betriebssystemen läuft dies in der Praxis auf eine Beschränkung der Zahl gleichzeitig aktiver Benutzer hinaus. Ist die festgelegte Grenze erreicht, akzeptiert das System keine weiteren Logins mehr.

Bei der Softwareentwicklung tritt durch die Verwendung von Bibliotheken und den Rückgriff auf frühere Arbeiten eine weitere Lizenzproblematik auf, nämlich die der Verwendung von fremdem Code in eigenen Programmen. In vielen Fällen müssen an den Hersteller der mitbenutzten Software Gebühren entweder einmalig oder pro verkaufter Kopie des Endprodukts entrichtet werden. Letzteres trifft auf die meisten UNIX-Anbieter zu, da Teile des von ihnen über die Jahre weiterentwickelten Systems nach wie vor Codeteile von AT&T enthalten.

## Lizenz-Server

Ein Prozeß, der für Anwendungsprogramme einen flexiblen Kontrollmechanismus zur Einhaltung der beim Kauf festgelegten Nutzungsbedingungen realisiert. Bei Vorführversionen kann dies eine Beschränkung des Lauffähigkeitszeitraums auf wenige Wochen bedeuten, normalerweise wird jedoch ähnlich wie bei Betriebssystemen kein weiterer Start des betreffenden Programms mehr zugelassen, wenn die eingetragene Höchstzahl von Benutzern erreicht ist. Im Gegensatz zu älteren Techniken, bei denen die Aufrufbarkeit an bestimmte Benutzerkennzeichen oder Rechner gekoppelt sein mußte, bezeichnet man dieses Verfahren als *floating licences*.

## NIS

Abkürzung für *Network Information Services*. Bei NIS (frühere Bezeichung: *YP* für *Yellow Pages*) handelt es sich im Grunde über eine auf TCP/IP basierende Einrichtung, mittels derer eine netzwerkweit eindeutige Zuordnung von beliebigen Daten und Namen hergestellt werden kann. Im engeren Sinne steht der Begriff für die netzwerkweit einheitliche Zuweisung von Benutzer- und Gruppennummern zu den jeweiligen Namen, da UNIX zu diesem Zweck selbst auf NIS zurückgreift. Konkret sieht das so aus, daß eine Maschine im Netz — der sog. *NIS Master Server* — diese Informationen zentral verwaltet. Im Sinne einer verbesserten Ausfallsicherheit kann es daneben noch sog. *NIS Slave Server* geben, die Spiegelbilder dieser Daten halten und vom Master Server laufend über Änderungen unterrichtet werden. Die Slave Server und die übrigen, als *NIS Clients* bezeichneten Maschinen besitzen nun in ihren Dateien `/etc/passwd` und

/etc/group nur noch Einzeleinträge für den Superuser und rein lokale Benutzer sowie einen Hinweis darauf, daß zur Authentisierung aller anderen Namen NIS zu verwenden ist.

## Orange Book

Beim *Orange Book* handelt es sich um eine vom amerikanischen Verteidungsministerium festgelegte Klasseneinteilung von Betriebssystemen unter Sicherheitsaspekten. Beginnend mit dem Buchstaben **D**, der für die niedrigste Klasse (minimale Sicherheit) steht, bis **A** (formal beweisbare Sicherheit) definiert das Papier unterschiedliche Stufen des Schutzes (D<C2<C1<B2<B1<A). Einige kommerzielle UNIX-Systeme erreichen gegenwärtig B2.

## Packaging

Mit dem Beginn der kommerziellen Verwertung von UNIX wurde rasch klar, daß viele Kunden auf dem System lediglich bestimmte Anwendungen fahren, aber selbst keine Software entwickeln wollten. Es wäre daher nicht sinnvoll gewesen, dieser Gruppe ein unnötig großes und damit teureres UNIX anzubieten. Mit Ausnahme von SUN-OS, bei dem wegen des primär universitären Kundenkreises Packaging erst 1992 eingeführt wurde, sind kommerzielle UNIX-Derivate daher seit geraumer Zeit quasi in Einzelteilen erhältlich. Typischerweise werden Basis-Runtime, X-Windows, Netzwerksoftware und Entwicklungswerkzeuge separat angeboten. Manchmal werden aber parallel dazu Komplettsysteme offeriert, die billiger als die Summe der Einzelpreise sind.

## Paging

Bezeichnet den Vorgang des Auslagerns im Moment nicht benötigter Programm- und Datenteile aus dem Hauptspeicher in einen dafür reservierten Bereich der Festplatte bzw. den Rücktransport. Der Sinn dieser Maßnahme ist es, ein System mit weniger Arbeitsspeicher betreiben zu können, als von der Gesamtheit der laufenden Prozesse in der Summe benötigt würde, d.h. einen größeren Hauptspeicher zu simulieren (sog. *virtueller Speicher*). Mit Hilfe spezieller Hardwareeigenschaften merkt sich das Betriebssystem, welche Teile eines Prozesses wohin ausgelagert sind. Um den dafür erforderlichen Aufwand nicht zu groß werden zu lassen, erfolgt die Auslagerung in Blöcken, die bei den meisten aktuellen Systemen eine Größe von 4 kByte besitzen. Die deutsche Bezeichnung für einen solchen Block lautet *Kachel* oder *Speicherseite*, der ganze Vorgang heißt daher auch *Seitentransport* oder *Seitenwechsel*.

Die Speicherverwaltungstechniken älterer UNIX-Systeme konnten einen Prozeß zwar vollständig auf die Platte auslagern, waren aber nicht imstande, ihm virtuell mehr Speicher anzubieten, als sich Hauptspeicher im System befand. Im Gegensatz zu dieser als *Swapping* bezeichneten Technik ermöglicht das *Paging* auch Prozesse, die mehr Hauptspeicher anfordern, als real in der Maschine installiert ist.

**Puffer**

Ein Puffer für Daten beruht auf der Erkenntnis, daß sich viele Übertragungsvorgänge mit großen Einheiten effektiver als mit kleinen abwickeln lassen und oftmals gerade beschaffte Daten kurze Zeit später ein weiteres Mal benötigt werden. Zu diesem Zweck wird ein Bereich des Arbeitsspeichers zum Sammeln kleinerer Aufträge oder zur zwischenzeitlichen Aufbewahrung von Daten reserviert. Puffer für den Datenaustausch mit peripheren Geräten sind üblicherweise so programmiert, daß Prozesse, die von einem Gerät lesen oder darauf schreiben wollen, nichts vom Vorhandensein des Puffers zu wissen brauchen. Der Transfer kann aber erheblich schneller ablaufen, wenn z.B. ein Datenblock gelesen werden soll, der von einem anderen Prozeß gerade erst geschrieben oder gelesen wurde und noch im Puffer steht.

Zur Bestimmung der Daten, die bei erschöpfter Pufferkapazität durch neue ersetzt werden können, gibt es eine Reihe von Verfahren, die sich z.B. auf den Zeitpunkt des letzten Zugriffs oder auf die Nutzungshäufigkeit innerhalb eines bestimmten Vergangenheitsintervalls stützen. Wenn wie z.B. bei Datenbanksystemen auch einiges über den Zweck der transportierten Daten bekannt ist, kann man dieses Wissen zu einer weiteren Verbesserung der Strategie verwenden.

**QIC**

Abkürzung für *Quarter Inch Cartridge*, d.h. Viertelzoll-Bandkassette. Im Gegensatz zu den früher vorherrschenden Spulenbändern, die eine Breite von einem halben Zoll aufwiesen, sind seit einigen Jahren Bandkassetten für Streamer-Laufwerke vor allem im UNIX-Bereich, aber z.T. auch unter DOS als Medium zur Sicherung und zum Austausch größerer Datenmengen sehr populär. Einen entscheidenden Beitrag dazu leisteten die unter dem Präfix **QIC** herausgegebenen Standards für Geräteschnittstellen und Aufzeichnungsformate, die von einem Gremium aus Laufwerks- und Softwareherstellern erarbeitet wurden. Die Gruppe ist nach wie vor aktiv und befaßt sich gerade mit der Normung der neuesten Aufzeichnungsformate, die es erlauben, auf einer Kassette mehr als ein GByte unterzubringen. Die folgende Zusammenstellung gibt kurz wieder, was die gängigsten Bezeichnungen bedeuten:

*QIC-02:* Definition einer Schnittstelle zwischen jeweils genau einem Laufwerk und dem PC-Hostadapter sowie Festlegung seines Registersatzes. Kapazität und Aufzeichnungsverfahren des Laufwerks bleiben unbestimmt, umgekehrt machen die im folgenden genannten Standards keine Aussage über die Schnittstelle des Laufwerks. Obwohl QIC-02 in letzter Zeit gegenüber dem SCSI-Bus etwas an Boden verliert, werden Anschlußkarten dieses Typs von praktisch jedem PC-UNIX und nahezu allen Backup-Programmen unter DOS unterstützt.

*QIC-24:* Bis vor wenigen Jahren populärstes Aufzeichnungsformat. Je nach Bandlänge konnten auf diese Weise bespielte Kassetten 30–60 MByte an Daten aufnehmen (typische Bezeichnungen der Cartridges: DC300A bzw. DC600A). Streamer dieser Art gehörten zur Standardausstattung früherer Workstations wie der SUN-3. Die meisten moderneren Streamer (zumindest bis 525 MByte Kapazität) können solche Bänder noch lesen, allerdings nicht mehr beschreiben.

*QIC-120:* Ein Aufzeichnungsverfahren, um auf den preiswerten Bändern für das QIC-24-Format durch dichteres Packen der Spuren 120 MByte unterzubringen. Infolge der mittlerweile gesunkenen Preise für qualitativ höherwertige Bänder ist es nicht sehr verbreitet, viele QIC-150-Laufwerke lassen sich jedoch umschalten.

*QIC-150:* Die derzeit wohl am häufigsten verwendete Aufzeichnungsmethode bei Streamern. Ein Standardband (häufige Bez.: DC6150) faßt 150 MByte, mittlerweile werden jedoch Kassetten mit größerer Länge angeboten, die 250 MByte aufnehmen können.

*QIC-525:* Ein Aufzeichnungsformat, bei dem neben einer erhöhten Schreibdichte auf dem Band auch hardwareseitige Datenkompression eingesetzt werden kann. Ein entsprechendes Band faßt 525 bis über 700 MByte.

## RISC

*siehe CISC*

## Scheduling

Bezeichnung für die abschnittsweise Zuteilung der CPU an einzelne Prozesse bzw. für die dabei verwendete Strategie. Die meisten UNIX-Systeme teilen den konkurrierenden Prozessen die CPU reihum zu und entziehen sie nach Ende einer Zeitscheibe wieder, sofern sie der Prozeß nicht bereits von sich aus abgegeben hat. Über Prioritäten kann dabei die relative Vergabehäufigkeit in gewissen Grenzen beeinflußt werden (`nice`-Befehl). Auch diesbezüglich bessergestellte Prozesse müssen aber die CPU gelegentlich abgeben, damit andere nicht „verhungern". Das Scheduling von Echtzeitbetriebssystemen unterscheidet sich u.a. in diesem Punkt: Wichtige Prozesse können dort unwichtigere beliebig lange abdrängen.

## SCSI

Abkürzung für *Small Computer Systems Interface*, eine Standardschnittstelle zum Anschluß v.a. von Festplatten und Bandlaufwerken an Mikrocomputer, Workstations und kleinere Serversysteme. SCSI entwickelte sich aus dem eigentlich für Diskettenlaufwerke gedachten SASI (*Shugart Associates System Interface*), das *Alan Shugart*, der Gründer der Firma *Seagate*, Anfang der achtziger Jahre erfunden hatte.

An einen SCSI-Bus können bis zu sieben periphere Geräte angeschlossen werden. Mit heute üblicher Hardware lassen sich effektive Transferraten von etwa drei MByte/s erzielen.

**Server**

*siehe Client*

**Signale**

Signale sind eine einfache Form der Kommunikation zwischen Prozessen, bei der die übertragene Information lediglich aus einer ganzen Zahl, der sog. Signalnummer besteht. Ein Programm kann dem System für die meisten Signalnummern (kurz: Signale) die Adresse einer Prozedur mitteilen, die beim Eintreffen des entsprechenden Signals aufgerufen werden soll. Sofern keine solchen Vorkehrungen getroffen wurden, wird je nach Signal eine der nachstehend genannten Standardaktionen erfolgen:

1. *Ignorieren:* In diese Kategorie gehört z.B. Signal #28 (`SIGWINCH`), das bei graphischen Benutzeroberflächen eine Änderung der Fenstergröße anzeigt.

2. *Suspendieren:* Der Prozeß wird durch den das Signal `SIGSTOP`, das nicht abgefangen werden kann, gewissermaßen eingefroren. Diese Möglichkeit gibt es nur bei Systemen, die den Job-Control-Mechanismus von Berkeley UNIX bereitstellen.

3. *Fortsetzen:* Ein zuvor durch `SIGSTOP` angehaltener Prozeß wird durch den Empfang von `SIGCONT` reaktiviert.

4. *Prozeßabbruch mit Ablage eines Speicherabbilds:* Passiert typischerweise durch Fehler im Anwendungsprogramm, z.B. durch den Versuch, auf eine Speicheradresse zuzugreifen, die außerhalb des vom Prozeß verwendeten Adreßraums liegt. In diesem Fall erzeugt das System ein `SIGSEGV`. Der entstandene `core dump` kann zur Fehleranalyse mit Hilfe eines Debuggers benutzt werden.

5. *einfacher Prozeßabbruch:* Wird z.B. durch das Signal #2 (`SIGINT`) ausgelöst, das der Terminaltreiber beim Druck auf CTRL-C o.Ä. erzeugt. Die meisten der bisher nicht erwähnten Signale bewirken ebenfalls ein Prozeßende, können aber genauso wie `SIGINT` abgefangen werden, um z.B. Aufräumungsarbeiten durchzuführen, ehe dem Wunsch des Benutzers entsprochen wird. Das Signal #9 (`SIGKILL`) terminiert dagegen einen Prozeß bedingungslos.

**SQL**

Abkürzung für *Structured Query Language*. Die seit Anfang der achtziger Jahre in Gebrauch befindliche SQL stellt quasi die Standardabfragesprache für relationale Datenbanken dar. SQL wurde mit dem Ziel konstruiert, auch Personen ohne tiefgreifende Kenntnisse von Datenbankorganisation wenigstens einfachere Abfragen zu ermöglichen, was mit zum großen Erfolg der Sprache beitrug. Neben **SQL/DS** auf VM-Großrechnern und **DB/2** auf MVS waren SQL-fähige Datenbanksysteme wie Oracle, Informix und Ingres lange Zeit hauptsächlich im UNIX-Bereich angesiedelt. Seit etwa 1989 setzt sich SQL auch bei den PC-Datenbanken durch, die vorher proprietäre Abfragesprachen verwendet haben.

**Swapping**

*siehe Paging*

**TCP**

Abkürzung für *Transmission Control Protocol*. TCP stellt unter Benutzung von IP eine Schnittstelle in Form von Bibliotheksfunktionen bzw. Systemaufrufen bereit, die eine zuverlässige Übertragung zwischen zwei Rechnern ermöglichen.

Höhere Protokolle (z.B. `ftp` zur Dateiübertragung) sind nicht mehr Bestandteil des Systemkerns, sondern als Programme realisiert, die die Aufrufschnittstelle von TCP (oder von UDP) verwenden.

**Trashing**

Bezeichnet das Verhalten eines Systems mit *virtueller Speicherverwaltung*, wenn diese überfordert wird. Da auch ein Prozeß, von dem Teile ausgelagert (*siehe Paging*) wurden, irgendwann bei der Vergabe der CPU (*siehe Scheduling*) wieder an die Reihe kommt, werden die fehlenden Speicherseiten wieder in den Hauptspeicher geladen, was bei großem Speicherbedarf anderer Prozesse zu deren Lasten geht und dazu führt, daß sich das Spiel mit vertauschten Rollen wiederholt, sobald diese die CPU zugeteilt erhalten. Da der Transport eines Blockes zwischen Hauptspeicher und Platte unverhältnismäßig (derzeit über Faktor 1000) länger dauert als die Zeiteinheit, die der Prozeß eigentlich damit hätte rechnen dürfen, ist das System unter solchen Bedingungen im Grunde hauptsächlich mit wenig effektiven Ein- und Auslagerungen beschäftigt.

Die virtuelle Speicherverwaltung hilft also nur dann über Speicherengpässe hinweg, wenn die verursachenden Prozesse zwar groß sind, über eine längere Zeitspanne hinweg aber entweder untätig z.B. auf Eingaben warten oder aber immer nur einen möglichst kompakten Teil ihres Code- und Datenbereichs benötigen. Man bezeichnet die letztere, aus Systemsicht erfreuliche Eigenschaft als *Lokalität*.

**Trojanische Pferde**

In Anlehnung an die bekannte Kriegslist aus der griechischen Antike nennt man in der Software-Welt ein Programm *trojanisches Pferd*, wenn es neben oder anstelle seiner vom Aufrufer erwarteten Funktion andere, meist schädliche Wirkungen entfaltet. Die Tarnung eines solchen Programms besteht in der Namensgleichheit mit einem Systemkommando oder Dienstprogramm. Allein diese Tatsache bewirkt aber — zumindest unter UNIX — noch nicht, daß so ein „Schadprogramm" statt des eigentlich gemeinten zur Ausführung gelangt. Dies ist nur möglich, wenn es sich im dem durch die PATH-Variable festgelegten Suchpfad *vor* seinem harmlosen Pendant befindet. Unter DOS kann man so etwas nie ausschließen, da dort stets zuerst im aktuellen Verzeichnis nach einem Programm mit dem Namen eines gerade eingegebenen Befehls gesucht wird. Unter UNIX genügt es, das aktuelle Verzeichnis (Symbol: .) *nach* den Systemverzeichnissen in den Suchpfad zu stellen oder ganz wegzulassen, so daß dort befindliche Programme bei Bedarf mit ./progname gestartet werden müssen.

Haben Benutzer mit sicherheitsrelevanten Daten zu tun, sollten in ihren Suchpfaden darüber hinaus keine Verzeichnisse stehen, in denen von anderen Benutzern Programme abgelegt werden können. Insbesondere gilt diese Regel natürlich für den Systemverwalter.

Für Shell-Scripts, aber auch für kompilierte Programme, die andere aufrufen, besteht außerdem die Gefahr, vom Aufrufer einen unsicheren Suchpfad zu erben. Durch explizites Setzen eines definierten Pfads am Programmanfang oder durch konsequente Verwendung absoluter Pfadnamen können dadurch entstehende Risiken aber ausgeschlossen werden.

## UDP

Abkürzung für *User Datagram Protocol.* UDP setzt ähnlich wie TCP auf dem Internet Protocol auf und stellt „nach oben" eine Menge von Funktionsaufrufen zur Verfügung. Im Unterschied zu TCP prüft UDP jedoch nicht, ob die einzelnen Pakete (*Datagramme*) korrekt bzw. überhaupt übertragen werden und eignet sich damit eher für Programme, die kurze Nachrichten möglichst unaufwendig austauschen wollen.

Ein Beispiel für ein Programmsystem, das die UDP-Dienste verwendet, ist der sog. Time-Dämon, der die Systemuhren vernetzter Maschinen automatisch an eine Referenzzeitquelle (z.B. einen Host mit Funkempfänger für Atomuhrsignale) angleichen kann. Wie man leicht einsieht, ist die Verwendung gesicherter Transfermechanismen hier sinnlos, da bis zu einer eventuellen Neuübertragung eines verlorenen Datenpakets dessen Inhalt bereits seinen Wert verloren hat.

## X-Server

Ein Prozeß zur Darstellung graphischer Daten auf einem pixelorientierten Display. Ein X-Server ist speziell an die jeweilige Hardware angepaßt, deren ansteuerungstechnische Besonderheiten er vollständig abkapselt und nach außen hin — d.h. für die sog. X-Clients — eine einheitliche und auch für die Benutzung in Netzwerken taugliche Schnittstelle präsentiert. Durch diese Architektur wird es möglich, daß ein Client-Programm nur auf einer einzigen Maschine lauffähig zu sein braucht, aber auf praktisch jeder mit X-Server ausgestatteten Arbeitsstation im Netz eingesetzt werden kann. Abgesehen von anspruchsvollen Applikationen wie Bildbearbeitungen, die zwangsweise Farbfähigkeiten voraussetzen, sind X-Clients typischerweise so programmiert, daß sie sich an Farb-, Graustufen- und Monochromdisplays anpassen können.

## X-Terminal

Eine Art spezialisierte Workstation im Netzwerk, die i.w. ein einziges Programm, nämlich einen X-Server abarbeitet. Gegenüber plattenlosen Workstations haben X-Terminals Vorteile bezüglich der Sicherheit (niemand kann sich lokale Root-Berechtigung erschleichen) und des Verwaltungsaufwands. Beim Erscheinen neuer X-Releases muß man allerdings warten, bis der Terminalhersteller die Anpassung vorgenommen hat, während man ansonsten versuchen kann, selbst zu portieren.

## Yellow Pages

*siehe NIS*

# Index